VILLE DE NANCY

1875

CATALOGUE

DES

TABLEAUX ET OBJETS D'ART

EXPOSÉS

DANS LES SALONS DE L'HOTEL DE VILLE

AU

PROFIT DES ALSACIENS - LORRAINS

ÉMIGRANT EN ALGÉRIE

❧

Prix : 1 fr. 50 c.

❧

IMPRIMERIE E. RÉAU, RUE SAINT-DIZIER, 51

—

1875

NOTICE SOMMAIRE

DES

TABLEAUX ET OBJETS D'ART

EXPOSÉS

A L'HOTEL DE VILLE

DE NANCY

V

Le 4 mars 1874, à la suite d'un appel qui leur avait été adressé, quelques personnes connues par l'intérêt qu'elles portent aux arts, se réunissaient à l'hôtel de ville de Nancy, pour s'occuper de l'organisation d'une exposition rétrospective d'objets d'art et de curiosité.

Un comité était formé, séance tenante, et diverses mesures propres à amener le succès de l'œuvre projetée étaient successivement étudiées et adoptées. La date de l'exposition et sa durée étaient fixées ultérieurement ; il était décidé de plus, que des souscriptions de 25 francs, donnant droit au titre de membre-fondateur, seraient recueillies et que l'excédant des recettes provenant de ces souscriptions et du produit des entrées, serait consacré à venir en aide aux alsaciens-lorrains émigrés en Algérie. Le Comité faisait également choix, pour le local de la future exposition, des salons de l'hôtel de ville qui avaient été gracieusement mis à sa disposition par la municipalité.

Depuis, par des séances régulièrement tenues et par des démarches multipliées, le Comité n'a pas cessé de se consacrer à une œuvre qu'il est heureux d'avoir pu mener à bonne fin, aidé par des sympathies auxquelles il est de son devoir de rendre ici un témoignage public et reconnaissant.

Nancy, 1er juin 1875.

COMMISSION D'EXÉCUTION

DE

L'EXPOSITION RÉTROSPECTIVE

Présidents d'honneur.

MM. Le MAIRE de Nancy.
Le PRÉFET de Meurthe-et-Moselle.

MM. le général DIDION, correspond¹ de l'Institut, *président ;*
NOEL, conseiller à la Cour, FABVIER (C.), officier démiss^{re},
vice-présidents ; BRUNEAU (Alb.), MICHEL (Émile), *secré-*
taires ; BUTTE (E.), *trésorier ;* DAUBRÉE (A.), bijoutier ;
DESSANS, inspecteur principal des chemins de fer de l'Est ;
HANNEQUIN, conseiller à la Cour ; LA SALLE (Henri de) ;
MAGUIN, officier d'artillerie démissionnaire ; METZ (V. de) ;
MOREY, architecte en chef de la ville de Nancy, correspond¹
de l'Institut ; PÈNE (F.) ; SCITIVAUX DE GREISCHE (A. de).

Membres de droit : MM. LOMBARD, président de l'Académie
de Stanislas, profess^r à la Faculté de droit: ÉLIE-BAILLE,
vice-président de la commission du Musée ; DEVILLY, conservateur du Musée ; MEIXMORON DE DOMBASLE (Ch. de),
président de la Société des Amis des Arts; LEPAGE, président de la Société d'Archéologie lorraine : Ch. COURNAULT,
conservateur du Musée lorrain.

LISTE DES MEMBRES FONDATEURS.

(Le titre de membre fondateur s'acquiert moyennant le versement d'une somme de 25 francs. Il donne droit à deux cartes d'entrée personnelles pendant toute la durée de l'Exposition.)

Académie de Stanislas.

MM.

ABBATUCCI, G^{al} de division.
AERTZ, ingénieur civil.
ALAVOINE, comm^{re}-priseur.
ALNOT, restaur^r de tableaux.
AMANCE, au café des Deux-Hémisphères.
ARNOULD, vérificateur des Domaines.
ASSONVILLEZ (G. d').
AUDIAT, conseiller à la Cour.
AUBERT (Mme).
AUGER, direct^r des contribut^s directes.
AUGUIN, rédacteur en chef du *Journal de la Meurthe et des Vosges*.
BAMBERGER, député de Meurthe-et-Moselle.
BARBEY (Eugène).
BARBEY (Georges).
BARBEY (Adrien).
BARBIER, curé de St-Vincent et St-Fiacre.
BASTIEN, ancien notaire.
BASTIEN, avoué.
BASTIEN (Charles).
BASTIEN (Ernest).
BAUDOT, notaire.
BAUDOT, café Stanislas.
BAZAILLES, ancien notaire.
BEAUMINY (C. de), anc. avoué.
BEAUPRÉ (Émile).

MM.

BENEL.
BENOIT, conseiller à la Cour.
BERGA, juge suppléant.
BERGER-LEVRAULT, impr.
BERNARD, avocat, maire de Nancy.
BERNARD, notaire.
BERTAUX (comm^t), à Metz.
BERTIER, avoué.
BERTIN (Ch.), à Pixérécourt.
BESVAL, avocat.
BETTINGER.
BLANC (F.).
BLANCHEUR, notaire hon^{re}.
BLONDIN père, ancien dir^r de la Banque de France.
BLONDIN fils, ancien directeur de la Banque de France.
BLONDLOT, D^r à la Faculté de médecine.
BŒSPFLUG, vérificateur des domaines.
BOISELLE, ancien vérificateur des poids et mesures.
BOLLEMONT (de), conseiller à la Cour.
BONVIÉ.
BONTOUX.
BOPPE-HERMITTE. (Boudonville.)
BOPPE (Mlle)
BOPPE.

BOPPE, sous-inspr des forêts.
BORIS (Alb.), ingr des ponts et chaussées en retraite.
BOUCHOTTE (Émile).
BOULANGÉ, avocat.
BOUR (Paul).
BOURSIER, notaire.
BOUTEILLER (E. de), ancien Président de la Société des Amis des Arts de Metz.
BOUVIER (Henri de).
BRACKENHOFFER.
BRAUX (Gabriel de), à Boucq.
BRETAGNE, directeur des contributions en retraite.
BRIDIEUX (Mis de).
BROISSIA (Vte de).
BRUNEAU (Albert).
BUTTE (Édouard).
BURTEL et PHILIPPE, hôtel de Paris.
CARCY (F. de), officier supr d'état-major en retraite.
CASSE, prr de dessu au Lycée.
CASTEL (Mme).
CHAMBON (Mis de), préfet de Meurthe-et-Moselle.
CHARLOT, juge.
CHAVANNES, maître de forges à Bains (Vosges).
CHAVERNAC (Mme).
CHAUDRON.
CHEVALLIER, directeur du Gresham.
CHEVANDIER DE VALDRÔME, conseiller général à Cirey.
CHONÉ, ancien notaire.
CLARINVAL, colonel d'artillerie en retraite.
CLAUDE, député de Meurthe-et-Moselle.
CLAUDE (l'abbé), curé de la Cathédrale.
COETLOSQUET (Maurice du).

COLLESSON, notaire.
COLLIN, notaire.
CORNY (M. de) au château de Corny.
COSTÉ, consr de préfecture.
COTELLE, conseillr à la Cour.
COUSIN-MONTAUBAN (Gal Vte).
COURNAULT (Charles), conservateur du Musée lorrain.
COURNAULT (Edouard), membre du Conseil général.
COURTET, direcr des douanes.
CRÉPIN, notaire.
CRESSAC DE SOLEUVRE, (le baron de), à Metz.
CUVIER, pr de l'Église réform.
DAGAND, notaire.
DARBOY, ancien négociant.
DAUBRÉE (Alfred), bijoutier.
DEMAY, vice-président de la Société des Amis des Arts.
DEMONET, directeur des mines de Laxou.
DENYS, ancien notaire.
DENYS, ingénieur des ponts et chaussées.
DEROME, ingénieur des ponts et chaussées.
DESSANS, inspr principal des chemins de fer de l'Est.
DEPIERRE, hôtel de l'Europe.
DES ROBERT (Maurice).
DESSAINT de MARTHILLE (Gal).
DEVILLY, conservateur du Musée de Nancy.
DIDION (Charles).
DIDION (le général), correspondant de l'Institut.
DIDION (Julien), négociant.
DIESBACH (Cte de).
DIETZ, banquier.
DIETZ (Ferd.), à Londres.
DILSCHNEIDER (Mme).
DORMY (Mme de).

DORNÈS, ancien représentant de la Moselle.

DUBOIS (Ernest), prof^r à la Faculté de droit.

DUFOUR (B^{on}), conseiller honoraire.

DUMAST (Bon G. de), correspondant de l'Institut.

DUMONT, cons^{er} à la Cour.

DUMONT, marc^d d'antiquités.

DUPONT, maître de forges.

DU SERRE (Louis).

ELIE-BAILLE, vice-président de la commission du Musée de Nancy.

ELIE-LESTRE, officier démissionnaire.

FABRICIUS (E.).

FABVIER, président de chambre honoraire.

FABVIER (Charles), officier démissionnaire.

FAUCONNEAU-DUFRESNE, procureur général à la Cour de Nancy.

FAULTRIER (de), anc. officier.

FEBVREL (Mme), à Saint-Max.

FÉRIET (Albert de), avocat.

FOBLANT (Maurice de).

FOUILLOUSE, à Saint-Dié.

FOULD, officier démission^{re}.

FOULON (Monseigneur), évêque de Nancy et de Toul.

FRANÇOIS, ancien notaire.

FRÉCOT, ingénieur en chef des ponts et chaussées.

FRÉGEVILLE (Mis de).

GAILLIARD (Arthur), avocat.

GALHAU (Henri de).

GALLÉ-REINEMER, fabricant.

GARGAN (Ch. de), au château de Bettange.

GARNIER (Paul), juge d'instruction à Toul.

GAST, conseiller à la Cour.

GAUCKLER, cons^r municipal.

GAUTHIER, payeur du chemin de fer de l'Est.

GÉRARD, avocat.

GÉRARD.

GÉRARDIN (Marc).

GÉRARDIN-HERMITTE (Mme).

GILBRIN (Émile), de Metz.

GODCHAUX-PICARD (Emile)

GODCHAUX-PICARD.

GOUDCHAUX, banquier.

GOURIER, membre du conseil général.

GOUY (Félix).

GOUY (Jules).

GOUY DE BELLOCQ - FEUQUIÈRES (Albert).

GOUSSAINCOURT (Mme de).

GOUVY, maître de forges à Dieulouard.

GRANDIDIER.

GROSJEAN-MAUPIN, libraire.

GUAÏTA (Mis Frantz de).

GUÉRIN (Edm.), à Lunéville.

GUÉRIN (Auguste).

GUINODIE.

HALDAT DU LYS (Charles de).

HANNEQUIN, cons^r à la Cour.

HANNONCELLES (G. d'), président de chambre.

HAUSSONVILLE (le Cte d'), de l'Académie française.

HAUZEN (Frédéric d').

HECHT (le docteur), prof^r à la Faculté de médecine.

HEMMERDINGER et LÉVY, marchands d'antiquités.

HENNEZEL (Cte d').

HENNIN D'ALSACE (prince de).

HENRIET, cons^r à la Cour.

HENRIET (Aug.), limonadier.

HERGOTT (D^r), prof^r à la Faculté de médecine.

HERBIN (Alexandre).

HERMITE (Mme V.)

HIRSCH, ingénieur des ponts et chaussées.

HOURRIER.

IMHAUS, trésr-payr général.

JACQUEMIN, architecte.

JACQUEMIN, entrepreneur.

JACQUINET, recteur de l'Académie de Nancy.

JACQUINÉ, inspecteur général honoraire des ponts et chaussées.

JACQUOT (Mme Émile).

JALABERT, doyen de la Faculté de droit.

JEANMAIRE (Mme).

JEANNEQUIN, président du Tribunal de Lunéville.

JOYBERT (Mme la baronne de).

JULLIEN-DESCHIENS, au Pont-d'Essey.

KELLER (Edm.), à Lunéville.

KNŒPFLER.

KRISTMANN.

LACOMBE, receveur des finances à Saint-Dié.

LACOSTE (Bon de), à Pont-à-Mousson.

LALLEMENT (le docteur).

LAMBEL (Cte de), à Fléville.

LAMBEL (Vte de), à Fléville.

LAMBERT-LEVYLIER (Mme).

LAMOUREUX, de l'hôtel de la Tête-d'Or.

LANDRES (Bon E. de).

LANGENHAGEN (de).

LAPRÉVOTE, secrétaire de la Société d'archéologie.

LA SALLE (Henri de), officier démissionnaire.

LAURENT, bijoutier.

LAZARE-LÉVY (Mme), marchande d'antiquités.

LEBÈGUE, directeur de la Banque de France.

LECLERC, premier président de la Cour d'appel.

LEDERLIN, professeur à la Faculté de droit.

LEFEBVRE (Maxence), à Lyon.

LEGRAND (le docteur).

LEGAY, md d'antiquités.

LEJEUNE (Jules).

LEJEUNE.

LE JOINDRE, inspr des ponts et chaussées en retraite, à Paris.

LEMOINE (le docteur).

LEMUD (A. de).

LENGLET, banquier.

LEQUIN, directeur de salines.

LÉVY (Anatole).

LÉVY, banquier.

LÉVY, marchand d'antiquités.

LEVYLIER (Prosper).

LESAY-MARNÉSIA (Mis de).

LIÈVRE-DREYFUSS.

LIGNIVILLE (Cte Gaston de).

LIGNIVILLE (Cte Albert de).

LOTZ, ancien notaire.

LOMBARD, professeur à la Faculté de droit.

LORIN, ancien notaire.

LORTA.

LUDRES (Cte Gaston de).

LHUILIER.

LUXER, substitut du procureur de la République.

MAC-CARTHY, à Saint-Max.

MAGUIN (H), vice-prést de la Société d'agriculture.

MAGUIN, anc. officier d'artill.

MAHUET (Cte de).

MAJORELLE, fabricant.

MANDELL D'ÉCOSSE (Bon de).

MANGEOT (Alfred), fabricant de pianos.

MARCOT (Réné).
MARCOT (Léopold).
MARCHAL (Eugène).
MARDIGNY (L. de), avocat.
MARDIGNY (P. de).
MARGERIE (A. de), professeur à la Faculté des lettres.
MARINGER, cons^r municipal.
MARLY, ancien adjoint au maire de Metz.
MARTIN, entrepreneur de menuiserie.
MARX, ingénieur en chef des ponts et chaussées.
MARX-PICARD (Émile).
MARX-PICARD (Emmanuel).
MASSON, hôtel du Commerce.
MAURE, conseiller à la Cour.
MENGIN-LECREULX (le G^{al}).
METZ-NOBLAT (Mme de).
METZ-NOBLAT (Antoine de).
METZ-NOBLAT (Victor de).
MEIXMORON DE DOMBASLE (Ch. de), président de la Société des Amis des Arts.
MENJAUD.
MÉZIÈRES, de l'Acad^{ie} frans^e.
MICHEL (Émile).
MICHEL, notaire honoraire.
MICHEL-BECK, café du Louvre
MILLET, architecte.
MISCAULT (B^{on} de).
MITRY (Cte de).
MOISSON, banquier.
MOLITOR (Cte).
MOMY, ancien notaire.
MONT (Mlle de).
MONT (Frédéric de).
MONT (Pierre de).
MONTBRISON (Cte de).
MONTHUREUX (Cte Raoul de).
MOREY, architecte en chef de la ville de Nancy, membre corresp^t de l'Institut.

MORLET (le colonel de).
MORVILLE (Cte Auguste de).
MOUGENOT (L.)
MUNICH fils, brasseur.
MUNIER, notaire et maire de Pont-à-Mousson.
MUNTZ, ing^r en chef en ret^{te}.
MUNTZ (Charles).
NOBLOT, conseiller général.
NOEL, curé de Saint-Léon.
NOEL, conseiller à la Cour.
NOEL (Albert).
NORBERG, directeur de l'imprimerie Berger-Levrault.
O'GORMAN (Cte).
O'GORMAN (la comtesse).
O'GORMAN (Mme Ellis).
ORY, commissaire-priseur.
OTTENHEIMER.
PANGE (Mis de), à Paris.
PAUL, notaire.
PÊCHEUR, cons^r à la Cour.
PÊNE (Frédéric).
PERCEVAL (C. de).
PÉRISSE, café de l'Opéra.
PERNOT DU BREUIL,
PETIT, hôtel de France.
PETSCHE, ingénieur des ponts et chaussées.
PICARD (le chanoine).
PICARD, ingénieur des ponts et chaussées.
PIERSON DE BRABOIS (Ern.).
PIERSON, président de chambre honoraire.
PILLEMENT, directeur des domaines en retraite.
PIQUEMAL, au ch. de Gentilly
PIROUX, directeur des sourds-et-muets.
PRACHE (Ernest).
QUILLIARD.
RÉAU, directeur du *Courrier de Meurthe-et-Moselle*.

RÉMOND, avocat.
REMY, notaire.
RIOCOURT (Ct Du Boys de), à Aulnois.
ROBERT DE CHAMPAL (Mme).
ROLLAND DE MALLELOY (Mlle).
ROQUEFEUIL (Vte de).
ROSENTHAL.
ROUOT (de) de FOSSIEUX.
ROUYER, à Pont-à-Mousson.
SAGUET, hôtel de Metz.
SAINT-OUEN (Mme de).
SALADIN (Mme la baronne).
SAULNIER DE FABERT, officier démissionnaire.
SCHŒFFER, dentiste.
SCHILL (Jules).
SCITIVAUX DE GREISCHE, (Anatole de).
SCITIVAUX DE GREISCHE (Tancrède de).
SELLIER, artiste peintre.
SEROT (Auguste).
SIMÉON, commissre-priseur.
SIMETTE (Théodore).
SIMON-FAVIER (Mme).
SIMON (Félix).
SIMON (Léon).
SIMONNIN (Dr), profr à la Faculté de médecine.
SIMONIN, officier d'état-major démissionnaire, à Charmes.
SOGNIES (le docteur).

STUREL (Emile), à Pont-à-Mousson.
THILLOY, conseiller à la Cour.
THOMAS, directeur des domaines.
TOURDES (Dr), profr à la Faculté de médecine.
TOUSSAINT, avoué.
TULPAIN, juge au Tribunal.
VAGNER, rédr de l'*Espérance*.
VANDAL (Mme de).
VAN MERLEN.
VARROY, député de Meurthe-et-Moselle.
VAUGIRAUD (Mis de).
VERCLY (le général de).
VIENNE (Mme de).
VILLEROY (A.).
VILLEROY (Ernest.)
VILLERS, ingénieur en chef des ponts et chaussées.
VOIRIN, artiste peintre.
VOLMERANGE, ingénieur en chef des ponts et chaussées.
VORMS, directeur du comptoir de Lorraine, à Paris.
VURGEL, ingénieur.
WARREN (Cte de).
WENDEL (H. de), à Hayange.
WIERLING, artiste peintre.
WINSTEL, café de la Comédie.
WŒLFLIN, notaire honoraire.

Des listes supplémentaires seront publiées à mesure que de nouvelles adhésions seront recueillies.

LISTE

PERSONNES OU DES ÉTABLISSEMENTS

AYANT CONFIÉ DES OBJETS

A L'EXPOSITION RÉTROSPECTIVE.

MM.

Aerts (de Metz).
Ammann.
Anselme.
Arnoud.
Assonvillez (d').
Audiat.
Auguin.
Balbâtre (Mme).
Barbey.
Barbier (le curé).
Bastien, ancien notaire.
Batta.
Beauminy (de).
Beaupré.
Bécus.
Bernauer.
Bertaux (commandant).
Besval, avocat.
Bibliothèque de Nancy.
Blanc (F.).
Blondlot (docteur).
Blondin fils.
Blondin père.
Bonne (Mlle de).
Bonneval (Mme de).
Bonvié.

MM.

Bouchotte (Émile).
Brackenhoffer.
Daubrée.
Braux (de)
Bretagne.
Brice.
Broissia (de).
Bruneau.
Butte.
Cailly.
Carcy (de).
Carrière (Mme).
Caumont (Mme de).
Chabon (de).
Chales (Mlle).
Chapitre de la Cathédrale de Nancy.
Charlot, juge.
Chevalier.
Chérisey (Mlle de).
Coëtlosquet (Cte Léon du), à Metz.
Coëtlosquet (Maurice du).
Collesson.
Collinet de la Salle (Mme).
Costé.

Cotelle.
Courant (Mme).
Cournault (Ch.).
Dagand.
Danzas (Mlle), à Strasbourg).
Dauvé.
Delaval.
Delavie.
Déglin.
Delcominète.
Denis, ancien notaire.
Devilly.
Dietrich (Mme).
Dupont.
Egvilly (d').
Elie-Baille.
Fabvier (Charles).
Fabvier (président).
Faivre (Mme).
Favier (Mme).
Febvrel (Mlle).
Fériet (de).
Fleig.
Follie (Mme).
Foulon (Mgr).
Fourrier de Bacourt.
Forjonnel.
François.
Frégeville (marquis de).
Gallé-Reinemer.
Gailliard.
Gast.
Gauthier.
Gény.
Grandeau.
Gilbert (de Toul).
Gilbrin (à Metz).
Godchaux-Picard.
Gonthier.
Gouguenheim.
Gouy (Jules).
Haldat (Mme de).
Haldat (de).
Hannequin.

Hannoncelles (G. d').
Hemmerdinger.
Henriet.
Herbin.
Hergott.
Hospice Saint-Charles.
Hourier.
Huyaux frères.
Imhaus.
Isembart.
Jaquiné.
Labausse (de).
Lallement de Liocourt.
Lambert-Levylier.
Landres (baron de).
Landreville (comte de).
Landrian (Mme de).
Laprévote.
Lasalle (H. R. de).
Leblanc.
Lederlin.
Legay.
Legris.
Lescale (de), à Bar-le-Duc.
Lévy (Mme).
Libermann.
Liffort de Buffévent.
Lombard.
Lorrain (à Metz).
Ludres (comte de).
Luxer (de).
Luxer.
Maire de Saint-Dié.
Mangin.
Marchot.
Marnezia (marquis de).
Martin.
Martimprey (comte de).
Maure.
Meixmoron (de) de Dombasle.
Melin.
Metz (Antoine de).
Metz (Victor de).
Michel (Em.).

Millet.
Montauban (général v^{te} de).
Morey.
Morlet (colonel de).
Munich.
Muntz, rue Mazagran.
Muntz, faubourg Stanislas.
Musée de Metz.
Musée lorrain.
Noël.
O'Gormann (comte).
Ottenheimer.
Pange (marquis de).
Pardieu (de).
Parisot.
Paulus-Arnould (Mme).
Pène (F.).
Perceval (de).
Pillement.
Quesnel (Mme).
Quintard.
Reiber (Mme).
Remy.
Renauld (J.).
Riocourt (comte de).
Roberts (M. des).
Rolland de Malleloy (Mlle).
Rollin (Mlle).
Roquefeuil (vicomte de).

Rousset (docteur).
Rouot (de) de Fossieux.
Saladin (baronne).
Saint-Ouen (Mme de).
Scitivaux (de) de Greische.
Saint-Remy (de).
Simon (Anatole).
Simonin (docteur).
Sognies.
Testa (de).
Thiébaut.
Thilloy.
Thomas.
Trouillet (le curé).
Tuffier.
Tulpain.
Vaultrin.
Verdier (Mme).
Verly-Laguerre (Bar-le-Duc).
Voirin.
Walter.
Warren (comte de).
Welche (Mme).
Welsch.
Werlé.
Widranges (comte de), Bar-le-Duc.
Willemin.
Zincourt (Mme de).

L'exposition est ouverte tous les jours de onze heures du matin à six heures du soir.

Le prix d'entrée est fixé à 1 franc par personne.

Les cartes d'entrée permanente délivrées aux membres-fondateurs sont personnelles et ne sauraient être prêtées sous peine de retrait.

Il est expressément interdit de toucher aux objets exposés.

Les visiteurs sont tenus de se conformer aux observations qui leur seraient faites par les gardiens. En cas de réclamation ils sont priés de s'adresser à celui des membres de la commission qui est de service dans les salles.

Les membres de la commission ont accepté avec gratitude les objets d'art qui leur ont été offerts pour l'exposition. En publiant rapidement cette notice sommaire, ils ne pouvaient prétendre établir, sur l'âge et l'origine de ces objets, une discussion approfondie. Ils se sont donc fait un devoir de conserver les indications fournies par les possesseurs.

DISPOSITIONS GÉNÉRALES.

Pour la nomenclature du catalogue, on a suivi l'ordre de placement dans les salons, c'est-à-dire, en commençant par le salon carré, ensuite dans le grand salon, tournant à droite (côté des fenêtres), prenant le fond de la salle et revenant vers l'entrée, pour s'occuper des deux grandes tables centrales, en commençant par la plus voisine de l'entrée, toujours par le côté droit.

Chaque vitrine est cataloguée sous un numéro spécial (en gros caractères), les objets y sont indiqués par planche, en commençant par le haut.

Les tableaux et les dessins sont exposés dans les deux salons, le cabinet et le couloir situés à l'extrémité du grand salon. Ils ont été numérotés d'après l'ordre alphabétique adopté pour les maîtres des différentes écoles portés à la seconde partie du catalogue.

Le salon de droite a été consacré exclusivement aux peintres français.

Le salon de gauche aux écoles étrangères et à

quelques tableaux de l'école française qui n'avaient pu trouver place dans le salon de droite.

Le cabinet contient les petits tableaux sans distinction d'école.

Un petit nombre de tableaux exposés dans le grand salon sont cependant portés à la deuxième partie du catalogue en suivant l'ordre établi pour cette seconde partie ; ils portent tous la mention : Grand salon.

L'orthographe des noms des artistes et les dates de leur naissance et de leur mort, ont été empruntées aux livrets de la galerie nationale du Louvre.

Ire PARTIE.

OBJETS D'ART

ET DE

CURIOSITÉ.

SALON CARRÉ.

1 et 2. Assuérus et Vasthi ; Deux des tapisseries prises à la bataille de Nancy, dans la tente de Charles-le-Téméraire. — Musée lorrain.

3. Armoire, bois sculpté, travail allemand. — M. Sognies.

4. Vase acier et tôle ouvragés, de Hisette. — Musée de Metz.

5 et 6. Deux appliques en cuivre. — M. Arnould.

7. Armoire en bois noir, colonnes torses. — M. Noël.

8. Une Prêtresse, terre cuite de Lemire. — M. de Meixmoron.

9. Horloge à gaîne, Louis XIV, bois noir et cuivre doré. — M. Hannequin.

10. Armoire à marqueterie de bois, travail lorrain. — M. Legris.

11. Vase en faïence. — M. Godchaux-Picard.

12, 13, 14, 15. Quatre bras, bronze doré, Louis XIV. — M. le Cᵗᵉ de Riocourt.

16. Trophée en fer, par J. Lamour, provenant des grilles de la place Stanislas. — M. Morey.

17. Diane chasseresse, pendule bronze doré, ciselé par Gouthière. — M. des Roberts.

18, 19. Deux bouteilles Delft. — M. Delcominete.

20. Panneau en fer forgé, provenant de la maison des Religieux de l'ordre de St-Jean de Dieu (n° 5 de la rue Sainte-Catherine), par Jean Lamour. — M. Barbey.

21, 22. Bureau en ébène avec cuivres dorés ; Pupitre en bois sculpté, Louis XV. — Bibliothèque.

TABLE DU MILIEU. — Pièces diverses, en faïence de Schreitzheim (Wurtemberg), représentant un dîner servi. — M. Godchaux-Picard.

2

GRAND SALON.

(A l'entrée) :

23. Tapisserie : La Prière. — M. le Cte O'Gorman.
24, 25. Tapisserie avec alérions ; Coffre en bois sculpté avec aigle à deux têtes et fleurs de lys. — M. Morey.
Lanterne Louis XIV. — M. le Cte de Ludre.

(En tournant à droite vers les fenêtres) :

Deux croix en cuivre. — MM. Dauvé et Martin.
26. Horloge Louis XV, à gaîne, marqueterie de bois, cuivres dorés et ciselés, surmontée de la statue du Temps avec sa faux. — Musée de Metz.
27. Christ de Bagard, avec cadre sculpté. — M. G. d'Hannoncelles.
28. Grande tapisserie d'Aubusson. — M. le Cte de Riocourt.
29. Prie-Dieu avec Christ en ivoire. — M. Noël.
30, 31, 32. Vases égyptiens, en gypse, avec têtes d'animaux. — M. Vautrin.

VITRINE N° 1.

Acajou avec filets de cuivre (Directoire).—M. Imhaus.

(A l'intérieur) :

Coffret fer ciselé. — M. Gény.
Divers objets en double, plats, assiettes, statuettes, etc... — Appartenant à divers propriétaires.
33, 34. Deux enfants porte-flambeaux. — M. de Meixmoron.

35,36. Deux flambeaux appliques, porcelaine et verre gravé. — M. Dupont.

37. Commode Louis XIV. — M. Ch. Fabvier.

Livres reliés en maroquin avec armoiries. — Bibliothèque de Nancy.

Tapisserie ancienne. — M. de Scitivaux.

38. Paravent en vieux laque de Chine. — M. le Mis de Marnézia.

39. Petit paravent à fleurs peintes, venant de Stanislas. — M. Noël.

40. Pagode japonaise (porcelaine et laque). — Mlle Rollin.

Lampe hébraïque en argent ciselé, (pendue au milieu de l'arcade). — Mme Lévy.

41. Petite tapisserie des Gobelins. — M. Godchaux-Picard.

42. Plat en cuivre armorié. — M. de Meixmoron.

VITRINE No 2.

Imitation de travail italien (moderne).—M. Majorelle.

1re PLANCHE. — Mendiants ivoire sculpté. — M. de Scitivaux.

L'ange gardien, bois sculpté, de Bagard ; Moine et Evangéliste, ivoires sculptés. — M. Gény.

Christ en croix ; Christ bénissant, émaux byzantins. Cte de Chabon.

Plat à barbe, armorié aux armes d'Artois, vieux Japon. — M. Ch. Fabvier.

2e PLANCHE.— Christ en croix, petit ivoire.—M. de Meixmoron.

Descente de croix ; Offrande aux Grâces, deux ivoires sculptés. — M. Costé.

Deux plaques d'ivoire sculpté ; La résurrection, ivoire ; La Vierge, bois sculpté, par Bagard ;

Râpe à tabac, ivoire sculpté ; Diptyque en ivoire. — M. Gény.

Petit pèlerin de saint Jacques, statuette ivoire. — M. Dauvé.

Petite vierge, bois sculpté. — M. Thiébault.

Tête de mort, bois sculpté. — M. Beaupré.

3ᵉ PLANCHE. — Triptyque en ivoire. — M. de Meixmoron.

Petit cabinet, cuir gaufré et ivoire gravé. — Cⁱᵉ de Chabon.

Vierge en ivoire ; Enfant Jésus portant le monde, en ivoire. — M. Mangin.

Déposition de la croix, bas-relief en cuivre repoussé. — M. Gény.

(Au-dessus de la vitrine) :

Deux bouteilles vieux Delft. — Mˡˡᵉ Rollin.

Bouteille de pharmacie, faïence. — M. Dauvé.

VITRINE Nᵒ 3.

Meuble bois noir sculpté. — M. Martin.

Au-dessus :

Fontaine en vieux Rouen et deux vases. — Mˡˡᵉ Rollin.

Deux potiches, vieux Japon. — M. de Roquefeuil.

1ʳᵉ PLANCHE. — Encrier en grès cérame avec lion couché. — M. de Meixmoron.

Chocolatière, Sèvres. — M. le président Fabvier.

Huilier en faïence. — M. de Meixmoron.

Serpent, vase en faïence de Nevers. — M. Hemmerdinger.

2ᵉ PLANCHE. — Cafetière, sucrier et tasses, Haguenau. — M. Muntz.

Coffret en velours rouge orné de cuivres fleurde-lysés et dorés. — M. Renauld.

Deux coupes en cristal gravé. — M. Thomas.

Théière, Chine. — M. Bruneau.

3e PLANCHE. — Crachoir et son plateau; Jatte en cuivre émaillé (travail chinois). — M. Ch. Fabvier

Groupe en faïence émaillée, et Groupe en biscuit. Niederviller. — M. de Meixmoron.

Plat armorié (vieux Chine). — M. Dauvé.

Verre gravé aux armes de Stanislas. — M. L. Quintard.

Groupe Sèvres, pâte tendre, émaillé bleu clair. — M. de Meixmoron.

Statuette, terre de Lorraine. — M. Charlot.

L'oiseau mort, terre de Lorraine. — M. de Meixmoron.

Coffret orné de cinq émaux-grisaille: l'Enlèvement d'Hélène; le Cheval de Troie; le Jugement de Pâris; Pâris maudit par les Troyennes; Enée portant Anchise (seizième siècle). — Mme de Landrian.

4e PLANCHE. — Chocolatière et plat creux, aux armes de France (vieux Japon). — M. de Liocourt.

Groupe en biscuit, signé Hannong, de Strasbourg. — M. Costé.

Vénus, faïence émaillée. — M. Millet.

Apollon et Hébé (biscuit). — M. de Saint-Remy.

Soupière (Frankenthal). — M. Brackenhoffer.

Cartel Louis XVI, avec réveille-matin (ayant appartenu à Stanislas). — M. Ottenheimer.

Coupe avec groupe (porcelaine vieux Saxe). — Mme Lévylier.

Coffret avec groupe porcelaine. — M. Liffort de Buffévent.

1re FENÊTRE.

Vitrine d'éventails (voir le Supplément).

43. Table en marqueterie avec personnages représentant Léopold et la duchesse sa femme, incrustation de bois, cuivre, argent, ivoire et nacre. — M. de Haldat.

44. Saint-Vincent de Paul, tapisserie ancienne, or et soie. — M. Gouy.

45. Encoignure en laque. — M. Dupont.

46. Coffret en laque incrusté de nacre. — M. de Haldat

47. Bénitier en cuivre. — M. Thomas.

48. Pieta, en cuivre repoussé. — M. de Meixmoron.

49, 50. Ecce homo, ivoire dans un cadre en bois sculpté; Vierge de Bagard, dans son cadre. — M. Bernauer.

51. Christ en bois, dans un cadre doré. — M. de Scitivaux.

52. Bande de tapisserie, soie et or, XVIe siècle. — M. Morey.

53. Christ, peinture gothique. — M. de Scitivaux.

54. La Résurrection, sculpture en albâtre de l'abbaye de Salival. — M. J. Renauld.

55. Christ en ivoire. — M. de Meixmoron.

VITRINE No 4.

Bois sculpté et gravé, travail espagnol. — M. de Meixmoron.

1re PLANCHE. — Cornet (Delft); deux petits cornets et une Lanterne (Nevers). — M. Dauvé.

2e PLANCHE. — Deux plats et un Plat rond de Delft; Huilier avec burettes en verre gravé; deux petits Vases (Nevers); Sabot de Noël, Rouen; petite cruche en porcelaine, Zurich; petite coupe en cuivre émaillé; Socle, porcelaine de Mennecy; et Porte-bouquets (Delft). — M. Dauvé.

3e PLANCHE. — Vase (Rouen); deux Plats (Moustiers), et Soupière (vieux Rouen. — M. Dauvé,

56. Bureau en chêne sculpté (renaissance). —
Potiches (vieux Chine). — M. de Meixmoron.

57, 58 et 59. Enfant couché (marbre); Tête de Christ ;
Tête de vierge, bas-reliefs en marbre.— M. Martin.

60. Applique à deux feux, cuivre doré, Louis XVI.
— M. de Carcy.

61 et 62. Deux appliques, argent, Louis XIV. —
M. Dupont.

63. Statuette chinoise. — M. Brice.

VITRINE N° 5.

Bois noir à fronton sculpté. — M. Martin.

Au-dessus :

64. Cornet, faïence italienne de Gubbio. — Mlle Rollin.

Deux flambeaux, Henri II, argent ciselé et doré. —
M. Reiber.

Deux chimères, vieux Japon. — M. de Haldat.

Tous les objets renfermés dans cette vitrine proviennent de la collection de M. Godchaux-Picard.

1re PLANCHE. — Groupes divers en porcelaine, en faïence et en vieux Saxe.

2e PLANCHE. — Cinq statuettes Cyfflé, objets en filigrane, animaux en faïence; Panthère (en vieux Saxe) porte-flambeaux à deux branches avec écran; Groupes vieux Saxe, montures en cuivre doré.

3e PLANCHE. — Le médecin de campagne, biscuit de Niederviller ; Statuettes Saxe et Sèvres ; Encrier en grès; Boîtes et râpe à tabac en faïence; Une garniture de boutons d'habit (Louis XVI), Miniatures peintes sur bois.

4e PLANCHE. — Diverses bonbonnières et tabatières;
Boîte en laque de Pékin.

N° 6.

Table à pieds tors. — M. Noël.

65. Coffret avec fleurs et rinceaux en bois sculpté,
par Bagard. — M. Gény.
66. Autre coffret avec médaillon surmonté d'une
couronne, bois sculpté Bagard. — M. Bretagne.
67. La fontaine, groupe de Cyfflé, biscuit Niederviller. — M. Gény.

VITRINE N° 7.

Boîte en laque rouge de Pékin, et ivoire sculpté,
dans un cadre doré. — M. de Meixmoron.

Râpe à tabac en bois sculpté; Six miniatures; Clo-
rinde, miniature, par Angelica Kauffmann; Miniature, par Singry; Paysage, par Demarne;
Deux émaux, par Leprince; Une bonbonnière;
Le buste de Stanislas, soutenu par Mars et Apollon,
miniature, par Chéron; Stanislas, miniature, par
Girardet; La princesse de Lamballe, par Girardet; Plaque en cuivre ouvragé; Tabatière en
écaille, incrustée d'argent; Coquille de pèlerin
de Saint-Jacques de Compostelle. — M. Martin.

Miniature (cadre de velours). — M. Daubrée.

Boîtes à mouches en argent; Saint-François, cuivre
repoussé; Petit reliquaire en bois sculpté, dans
son écrin; Un seigneur et sa femme, miniatures
par A. Brentel, 1629. — M. Bertaux.

Boîte de mariage, de forme ronde (genre Bagard);
Bénitier, bois sculpté, de forme ronde; Croix
reliquaire. — M. Gény.

Plusieurs médailles de Saint-Urbain ; Livre hébreu, sur petites planchettes ; Plaque recouverte d'une peinture byzantine ; Triptyque byzantin, peinture sur bois ; Femmes portant des fleurs, peinture sur émail ; Assiette en émail, représentant une femme qui trait une vache, au revers ornements et mascarons du seizième siècle ; Quatre petits dessins ; Le comédien Préville, médaillon en terre cuite par Caffiéri ; Franklin, médaillon en terre cuite, par Nini ; Clément IX, médaillon en cire, par Chéron. — M. Martin.

Neuf petits ivoires ronds sculptés, scènes de la Passion, réunies dans un cadre en bois ; Boules chinoises concentriques, ivoire sculpté ; Bougeoir cuivre doré. — M. de Meixmoron.

Cadre en bois sculpté et armorié, travail italien ; Sablier en filigrane d'argent. — M. Ch. Fabvier.

Saint Charles Borromée, émail de Jean Laudin, Limoges. — M. Bretagne.

Quelques médailles de saint Urbain ; Quatre petits bronzes dans un cadre. — M. Beaupré.

Flacon en cristal gravé. — M. Dauvé.

Charles V, médaillon en cire, par Marianne de Saint-Urbain, — M. Liffort de Buffévent.

Petit diptyque en ivoire ; Trois médaillons ; M. Martin.

Vase antique en bronze, dite *Préfériculum*, trouvé à Scarpone, et buste de Mithra, bronze trouvé à Gripport. — M. Quintard.

Poire à poudre en ivoire avec sujets de chasse (dix-septième siècle). — Mis de Frégeville.

Diptyque en ivoire, quatre sujets de la vie du Christ. — Cte de Riocourt.

Portrait de Massenet, professeur à la Faculté de Strasbourg (miniature fin du dix-huitième siècle). — M. Em. Bouchotte.

Dans les embrasures. — 68, 69. Armes de Lorraine, médaillon en cuivre; Une figure d'apôtre, terre cuite peinte. — M. Martin.

70. La résurrection, petit bas-relief albâtre. — M. Morey.

VITRINE N° 8.

Chêne sculpté, Louis XV. — M. Noël.

Tous les objets renfermés dans cette vitrine proviennent de la collection de M. Morey:

1re PLANCHE. — Buste de Stanislas; Buste de Louis XV; Groupe de l'amour entouré de jeunes filles, terre de Lorraine; Première esquisse du tombeau de la Reine, femme de Stanislas, terre cuite; Portrait de la Reine; Le rémouleur; Le marchand de pains, terre cuite par Adam; Le baiser, par Clodion; Deux candélabres Louis XVI (bronze doré).

2e PLANCHE. — Hercule aux pieds d'Omphale, par Guibal; Bas-reliefs d'enfants, (terre cuite), par Clodion; Deux candélabres Louis XVI, bronze doré; L'agréable leçon (terre de Lorraine), par Cyfflé; Vénus fouettant l'amour, terre de Lorraine, Lemire; Tailleur de pierre, (on dit que cette statuette représente Cyfflé lui-même); Tailleur de pierre et Huit sujets divers, jardiniers, cris de Paris, etc..., par Cyfflé.

3e PLANCHE. — Le savetier et la ravaudeuse réunis, et Savoyards sur piédestaux, par Cyfflé; L'amour lançant une flèche, et L'amour silencieux, par Lemire; Six petits sujets en terre de Lorraine; Enfants bas-reliefs, terre cuite, par Clodion; Portrait de la Duchesse, femme de Léopold, par Adam; Bénitier en bois ayant appartenu à Stanislas.

71. Petit bahut, chêne sculpté. — M. Morey.

VITRINE N° 9.

En bois noir (moderne). — M. de Scitivaux.

Cette vitrine renferme un service à thé complet, une cafetière, un plateau, en argenterie anglaise poinçonnés au timbre de Georges II, roi d'Angleterre 1727-1760, et deux tasses persanes en argent doré et émaillé. — M. le général Vte de Montauban.

Au-dessus de la vitrine :

72. Jupiter tonnant, groupe de Saxe. — M. Butte.
Deux vases en coco, montures en argent doré. — M. de Meixmoron.
Groupe de paons, bronze chinois. — M. Butte.
Chimère, groupe en plomb. — M. Martin.
Glace de Venise, cadre en bois doré. — M. Noël.

VITRINE N° 10.

Bois sculpté. — M. Butte.

1re PLANCHE. — Une paire de flambeaux en argent, Louis XVI. — M. Tuffier.
Brûle-parfums en argent et service en porcelaine. — Mme Welche.
Timbale et vase en argent ciselé. — M. de Scitivaux.
Deux statuettes en argent. — M. de Perceval.

2e PLANCHE. — Plats vieux japon ; Tasses de porcelaines diverses. — Mme Welche.
Porte-cigares en jade vert. — M. Butte.
Vase émail cloisonné. — Mme Butte.
Reliquaire autrichien ; Potiche bleue (Japon). — M. Butte.
Brûle-parfums avec chimère en argent doré. — M. de Broissia.

Canette bleue (Japon). — Mme Welche.

3ᵉ Planche. — Plat aux armes de Lorraine, Delft. — M. Herbin.

Plat, cuivre émaillé. — M. Mangin.

Tasse, vieux Mayence. — M. Herbin.

Vase, forme calice, en ivoire, aux armes de Diane de Poitiers, avec le portrait de Henri II sur la coupe. — M. Butte.

Pot à tabac, laque de Pékin. — Mme E. Butte.

Vierge et cassette en ivoire ; flambeaux en bois, de Bagard. — M. Butte.

Tasse de Sèvres. — Mme Welche.

4ᵉ Planche. — Petit plat long avec armoiries (vieux Moustiers). — M. Herbin.

3ᵉ Fenêtre.

Embrasure. — 73. Grand crucifix, de Bagard, avec groupe des Saintes-Femmes. — Mme Dietrich.

VITRINE Nº 11.

Cassette de Bagard. — M. Gény.

Mosaïque de Rome, d'après Claude le Lorrain. — M. Butte.

Reliquaire en filigrane d'argent provenant des comtes de Salm. — M. Dauvé.

Trousse de chasse, six pièces émaillées. — M. le Cᵗᵉ de Riocourt.

Boîte chinoise en or. — M. de Broissia.

Deux coffrets et Petits flambeaux de Bayard. — M. Quintard.

Panier en onyx émaillé. — M. Mangin.

Bonbonnière en argent repoussé, de Kirstein de Strasbourg. — M. Denis.

Boîte armoriée en ivoire. — M. de Meixmoron.

Tabatière en ivoire. — M. Dauvé.

Etui chinois. — M. Mangin.

Grand coffret, Bagard. — M. Bretagne.

Médaillon en argent oxydé, Jason dans les flammes, cadre noir. — M. Bertaux.

Résurrection du Christ (ivoire). — M. Gauthier.

Chasse au cerf, argent ciselé et repoussé, de Kirstein de Strasbourg ; Le Christ et Judas, et l'Ascension, ivoires provenant de l'oratoire de Stanislas ; Adoration des Mages, bas-relief en ivoire. — M. Butte.

Bourse de jeu et tabatière de Stanislas ; Couteau, Etui en vernis, Martin, et bonbonnière avec miniature, ayant appartenu à la reine Marie Leczinska. — M. Parisot.

Pomme de canne en porcelaine de Saxe, ayant appartenu à Stanislas. — M. Voirin.

Deux porte-cierges émaillés. — M. Bretagne.

Coffret, de Bagard. — M. de Meixmoron.

Boîte en émail cloisonné, de Chine ; Cerf en argent repoussé de Kirstein, et Sainte-Famille, en ivoire. — M. Godchaux-Picard.

Coffret, de Bagard. — M. Gény.

Bonbonnière renaissance ; Deux petits enfants, en ivoire, et coupe à anse, Jade vert. — M. Martin.

Magot en Jade. — M. Meixmoron.

Coupe taillée en jade clair, provenant du palais d'Été ; Assiette en jade clair, provenant du palais d'Été; Boîte carrée en jade ; Bâton de commandement en jade clair, provenant du palais d'Été. — M. Butte.

Coupe ronde en jade ; Custode, émail (moyen âge). — M. Beaupré.

Ronde d'enfants, bronze antique. — M. de Metz.

74. Table palissandre et bois de rose, avec cuivres dorés, Louis XV. — Hôtel de ville.

VITRINE N° 12.

Chapelle de saint Gauzelin, évêque de Toul (922-962). — Trésor de la Cathédrale.

Cette chapelle se compose des objets suivants déposés après la mort de saint Gauzelin, à l'abbaye de Bouxières-aux-Dames, fondée par lui :

1° Évangéliaire, écrit (d'après une mention qui y figure) pour l'évêque Arnould, qui occupait le siége de Toul environ 60 ans avant saint Gauzelin. Il est cependant probable que c'est ce dernier qui l'a fait recouvrir d'une reliure d'or, ornée de filigranes, de pierres précieuses et d'émaux cloisonnés. L'émail central représente la vierge en buste.

2° et 3° Calice et patène en or, décorés de la même manière que l'Évangéliaire et à la même époque.

4° Anneau pastoral.

5° Peigne liturgique, en ivoire, décoré d'une arcade, accosté de deux frontons, de colombes symboliques et de branches de vigne.

(Jusque vers la fin du quinzième siècle, les prescriptions liturgiques exigeaient que l'officiant fût peigné en présence des fidèles, avant de monter à l'autel.)

Ces objets conservés par l'abbé Raybois, prévôt du chapitre de Bouxières, furent déposés par lui, en 1802, au Trésor de la Cathédrale.

———

Coffret en écaille avec ornements gravés provenant de l'abbaye de Bouxières. -- Chapitre de la Cathédrale.

Croix pectorale des évêques de Nancy, en or émaillé, ornée de brillants et anglée de croix de Lorraine, portant d'un côté la vierge, de l'autre saint Sigisbert. — Chapitre de la Cathédrale.

Croix pectorale un peu plus grande que la précédente, et portée par les chanoines du Chapitre de la Cathédrale, qui en avaient été gratifiés par Stanislas en 1757. — M. Charlot.

VITRINE N° 13.

Travail de marqueterie hollandaise. — M. Costé.

1re PLANCHE. — Bélisaire, terre de Lorraine, Niederviller, avec armoiries. — M. Mangin.

Deux aiguières, vases de la pharmacie de Saint-Charles.

Vénus et Pâris, deux statuettes, porcelaine de Berlin; Le fabricant de chaussons, statuette en porcelaine de Twer, près Moscou. — M. Bertaux.

Petit jardinier, biscuit. — M. Quintard.

Deux petites soucoupes à pied, cuivre émaillé. — M. de Meixmoron.

2e PLANCHE. — Homère, terre de Lorraine. — M. Quintard.

Arlequin et Polichinelle, deux statuettes de Saxe (Meissen); Marquis et paysan souabe, deux statuettes en porcelaine de Niederviller. — M. Bertaux.

Deux vases de la pharmacie de Saint-Charles.

Croate, statuette porcelaine de Saxe. — Mme la baronne Saladin.

Moutardier, porcelaine de Chantilly. — M. Fabvier.

Enfant à la gourde, par Guibal, terre de Lorraine. — M. Pène.

Petits pêcheurs, par Cyfflé, biscuit de Niederviller. — M. Noël.

3e PLANCHE. — Vigneron et bûcheronne, deux statuettes, porcelaine de Vienne ; Soldat, statuette porcelaine de Rudolstadt ; L'Hiver et l'Été, deux statuettes, porcelaine d'Espagne ; Actrice et diable colporteur, deux statuettes, porcelaine de Hocht ; la jardinière, statuette, porcelaine de Zurich. — M. Bertaux.

La buveuse, faïence de Lunéville.— M. Delcominete.

Petite fille, terre de Lorraine. — M. de Landreville.

Les saisons, groupe biscuit de Niederviller. — M. Godchaux-Picard.

Pâris, biscuit de Niederviller. — M. Noël.

VITRINE No 14

Travail de marqueterie hollandaise. — M. d'Assonvillez.

1re PLANCHE. — Vénus à la pomme, biscuit Niederviller ; Vase Chine monté sur pieds ; Reliquaire rond en bois sculpté. — M. de la Salle.

Homme masqué, statuette Saxe ; Plat à compartiments, vieux Chine ; Deux plats Chine ; Vase Japon blanc, monture en bronze doré ; Bergers et bergères, deux groupes Niederviller ; Vierge avec l'enfant Jésus et saint Jean (peinture). — M. de Haldat.

2e PLANCHE. — Coupe en cristal de roche, avec peintures sur émail, supportée par un satyre en argent doré, travail allemand du dix-huitième siècle ; Coffret en argent doré, avec colonnettes en cristal de roche, fleurs émaillées, travail italien du seizième siècle ; Deux tasses Sèvres fond bleu : l'une porte le portrait de Marie-Antoinette, d'après Nattier, l'autre celui d'Anne

d'Autriche (venant de la collection Lenoir) ; Fleuve
et source, petit biscuit Niderviller ; La Vierge,
saint Dominique et saint François, triptyque en
ivoire, travail espagnol (seizième siècle). — M. de
la Salle.

Plat à compartiments, vieux Chine ; Quatre plats
vieux Chine, famille verte. — M. de Haldat.

3e PLANCHE. — Aiguière en ivoire et son plateau,
travail italien du dix-huitième siècle ; Bustes de
Louis XV et de Marie Leczinska, faïence émaillée
de Lunéville ; Canette en terre noire émaillée,
avec la date de 1545 et l'aigle à deux têtes. —
M. de la Salle.

Plat en vieux Delft ; Deux plats et deux assiettes,
Chine famille verte ; Vase à pieds en cristal ;
Petits groupes de Niederviller ; Tête-à-tête (vieux
Saxe). — M. de Haldat.

Au-dessus de la vitrine :

Trois statuettes chinois et chinoises, pâte de riz. —
M. Brice.

4e FENÊTRE.

Embrasure. — Râpe, épée. — M. Thiébaut.

VITRINE No 15.

Garde et garniture d'épée ciselées avec figures allé-
goriques faisant allusion à la réunion de l'Alsace
à la France. — M. de Liocourt.

Pistolets à MM. Bastien et Mis de Frégeville.

Pistolets ciselés (travail italien). — M. de Liocourt.

Poignards et sabres chinois. — M. Butte.

Couteau de chasse, Poignards et Yatagan. — M. de
Scitivaux.

Couteau de chasse. — Mis de Frégeville.

Éventail (dix-huitième siècle). — M. de Braux.

Deux petits panneaux de fleurs, bois sculpté. — M. Martin.

Manuscrit allemand avec miniatures armoiries et sceaux. — M. de Testa.

Livre avec reliure, daté 1584. — M. Martin.

Livres de prières de Marie Leczinska. — M. le Cte de Warren.

Livre d'heures, reliure en soie brodée d'or, coins en vermeil ciselé. — M. Brackenhoffer.

Epitome, manuscrit de 1623. — M. de la Salle.

Manuscrit à miniatures. — M. Hergott.

Petites heures avec miniatures, de 1577; Manuscrit de la fin du quatorzième siècle; Reliure aux armes de Stanislas; Manuscrit avec miniatures; Reliure aux armes de Stanislas et de Lorraine, et reliure avec armoiries. — Bibliothèque de Nancy.

VITRINE N° 16.

Vitrine-montre. — M. Imhaus.

Anne d'Autriche (portrait peint en émail sur feuille d'or repoussée); Louis XIV jeune (émail sur argent); au revers : le prince chassant au canard; Portrait présumé du duc de Bourgogne, émail sur or, par Petitot, au revers: une tête de mort dans une guirlande de roses avec la légende : Voilà tout ce qui me reste. — M. Bretagne.

Personnage vêtu de velours bleu, cheveux poudrés (peinture en émail du dix-huitième siècle). — M. Martin.

Personnage vêtu d'un habit violet (Directoire). — M. Bretagne.

Portrait de femme avec des fleurs dans les cheveux miniature de Halt). — M. de Braux.

Portrait de Mlle de La Chambre (miniature par Jean-Baptiste Augustin de Saint-Dié). — M. H. de la Salle.

Portrait de Mme Febvrel, par J. Augustin. — Mlle Febvrel.

Personnage vêtu de bleu (Louis XVI). — M. Martin.

Tabatière en or ciselé et émaillé de rouge avec miniature de femme (Louis XVI). — Bon de Landres.

Tabatière ivoire, or ciselé avec miniature d'homme (Louis XVI). — M. de Meixmoron.

Tabatière écaille et or ciselé, portrait de femme (Louis XVI). — Mme Welche.

Tabatière écaille cerclée d'or avec fleurs en miniature (Van Deen, 1792). — M. Henriet.

Tabatière or émaillé avec grisaille : la Charité (Louis XVI). — M. de la Salle.

Tabatière écaille avec deux amours, bas-relief en ivoire. — M. Quintard.

Miniatures, bagues et bijoux émaillés, appartenant à MM. de Beauminy, Brackenhoffer, Bruneau, de Carcy, de Perceval et Welche.

Portrait de femme, miniature signée Artaud. — Baron de Landres.

Montre ovale, bronze doré et ciselé par Jean Bock (fin du seizième siècle). — M. Bretagne fils.

Boîte de montre bronze doré, avec bas-relief représentant Loth et ses filles. Signé Hardi, graveur de Charles IV de Lorraine (1660). — M. Beaupré.

Montre en or, avec boîte ciselée et découpée à jour, de Arhonner, à Londres; la double boîte en or ciselé porte Diane au centre. (Provenant de M. de Latouche, lieutenant général des armées de Louis XIV. — Colonel de Morlet.

Montre en or, avec boîte ciselée et découpée à jour, par Beidetro. — M. de Perceval.

Montre en argent à double boîte, de Vitter, à

Londres, avec les adieux d'Hector et d'Andro-maque. Signé Mauris. — M. Bretagne fils.

Montre en or, de Hoendschk, à Dresde, avec figure de Pallas. — M. Dupont.

Montre en or, de François Beckaert, à Paris, avec émail représentant la Charité romaine.— M. De-villy.

Montre en or ciselé, de Bertoud, à Paris, avec émail translucide représentant une Nymphe.— M. De-laval.

Montre en or ciselé, de Lépine, à Paris, avec bril-lants et portrait d'homme en émail. — M. Herbin.

Montre en or, de Bréguet, à Paris, avec perles et émail représentant un couple près d'un autel. — M. de Perceval.

Montre en or, de Berthoud, à Paris, avec ciselures et émail translucide représentant une Nymphe tenant l'Amour sur ses genoux. — M. Noël.

Montre en or, de Marchand fils, à Paris, avec cise-lures, brillants, et portrait de femme en émail. — M. Bretagne fils.

Montre en or, de Leblanc, à Paris, avec ciselures et émail représentant une femme assise. — M. Wehrle.

Montre en or ciselé, avec berger et bergère en émail. M. Brackenhoffer.

Montre en or avec emblèmes ciselés.— Mme Welche.

Montre en or avec emblèmes ciselés.— M. Quintard.

Montre en or, de Dutertre, à Paris, avec emblèmes de l'Amour, ciselés. — M. Cotelle.

L'enlèvement d'Hélène, plaque en or, signé D. Cochin. — M. Beaupré.

Médaillon avec perles et rubis entourant un émail qui représente des amours. — M. Dagand.

Broche avec l'adoration des bergers, sur camée. — M. Beaupré.

Bague en or et brillants sur lapis. — M. Cotelle.

Bague avec Stanislas, sur camée; Deux bagues avec tête antique, sur camée; Deux bagues avec intailles représentant Vénus debout, et Bacchanale. Mme Balbâtre.

Bague antique en or (troisième siècle) avec prêtre sur Nicolo; et bague en or (sixième siècle), trouvée avec un quinaire de Justin. — M. Bretagne.

Croix ancienne en cristal de roche, incrustée de diamants et de rubis, et contenant une parcelle de la vraie croix. — Mme Courant.

VITRINE N° 17.

Travail de marqueterie hollandaise. — M. Noël.

1re PLANCHE. — Pendule à cadran tournant, biscuit (Louis XVI). — Mme Paulus-Arnould.

Fleuve et jardinier, statuettes porcelaines de Frankenthal. — M. Bertaux.

L'Amour forgeron, l'Amour rêveur, biscuits Niederviller. — M. Noël.

Bergerie, biscuit; La prière, biscuit. — M. de Landreville.

La curée, biscuit de Niederviller. — M. Luxer.

2e PLANCHE. — L'oiseau mis en cage, Cyfflé, terre de Lorraine; Le berger couronné, groupe, Lunéville; La guirlande tressée, groupe vieux Saxe. — M. Noël.

Bonbonnière, cuivre émaillé. — M. de Meixmoron.

Boîte à mouches, cuivre émaillé. — M. Beaupré.

Paillasse, statuette, porcelaine de Hesse-Darmstadt; Bergère, statuette; porcelaine de Hesse-Darmstadt; Deux dames chinoises, statuettes Chine.— M. Bertaux.

La guirlande tressée, biscuit. — M. de Landreville.

Petit marchand de légumes, terre de Lorraine. — M. Mangin.

Saint Bruno en prière, par Lemire, terre de Lorraine. — M. Quintard.

Les poulets, biscuit de Saint-Clément. — M. Delcominete.

3e PLANCHE. — Bélisaire, groupe faïence émaillée, Niederviller. — M. Bonvié.

Deux aiguières, vases de la pharmacie de Saint-Charles.

La rose demandée, groupe vieux Saxe; La rose obtenue, groupe vieux Saxe. — M. de Perceval.

La batteuse de beurre, biscuit. — M. Delcominete.

La faneuse, biscuit. — M. Quintard.

Le rétameur, par Cyfflé, Lunéville émaillé; L'Amour aiguisant ses flèches, biscuit, Cyfflé. — M. Noël.

Le coq et la poule, deux statuettes de Schelsea (Angleterre). — M. Bertaux.

Le baiser, terre de Lorraine, Cyfflé. — M. Parisot.

Nº 18.

Travail de marqueterie hollandaise. — M. d'Egvilly.

1re PLANCHE. — Plat Japon, émail cloisonné; Plat vieux Rouen; Assiettes vieux Chine et vieux Japon; Deux vases vieux Chine. — Mlle Rollin.

Baigneuse, terre de Lorraine; Trois statuettes, biscuit de Sèvres. — M. Batta.

2e PLANCHE. — Plat genre Palissy, aux armes de France; Deux assiettes Japon; Une assiette à jours, vieux Chine; Deux assiettes Louisbourg; Une boîte, faïence allemande; Jatte, théière et soucoupe, vieux Japon. — Mlle Rollin.

Actrice et peintre, statuettes de Saxe ; Coffret, bois et cuivre. — M. Batta.

3e PLANCHE. — Plat, ancienne faïence, à personnages en relief ; Plats vieux Japon, vieux Chine et Delft ; Assiettes vieux Chine et Japon ; Deux coffrets, genre Bagard ; Bonbonnière, ivoire sculpté ; Boussole, dans une boîte en ivoire gravé ; Coffret en ivoire indien ; Lorgnette en ivoire sculpté (dix-huitième siècle). — Mlle Rollin.

Mercure assis, orné de ses attributs, statuette antique en bronze romain, trouvée à Fraisne-sous-Vaudémont. — M. Laprévote.

Cruche en verre de Bohême, couleur rubis, couvercle en bronze doré. — M. de Carcy.

4e PLANCHE. — Plats vieux Chine et Japon. — Mlle Rollin.

Encrier porcelaine bleue ; Coquilles avec fleurs en relief ; petite théière (vieux Japon) ; Tasse de Sèvres. — M. Batta.

Au-dessus :

76. Cafetière argent martelé (Louis XV). — M. Bruneau.

5e FENÊTRE.

Embrasures. — 77. Portrait à cadre en bois doré. — M. Liffort de Buffévent.

78. Sainte-Famille, bronze repoussé. — Cte de Chabon.

79. Bénitier en cuivre, représentant le baptême de Jésus. — M. Thiébaut.

80. Charles de Lorraine, bois sculpté avec cadre. — M. Beaupré.

81. L'annonciation, émail de Nouailher. — M. de Meixmoron.

VITRINE N° 19.

Émaux (en commençant par la gauche).

Neuf fibules en bronze avec émaux champlevés, (époque gauloise et mérovingienne). — MM. Bretagne, Quintard et Laprévote.

Quatre fibules avec verres coloriés, dont trois en or et une en argent. (Époque mérovingienne.) — MM. Bretagne et Quintard.

Une fibule mérovingienne en or, avec la légende : Ebroa, fieri fecit. — M. Bretagne.

Croix en bronze doré avec émaux champlevés, représentant les emblèmes des vertus du Cloître. (Douzième siècle) ; Crosse épiscopale en bronze doré, avec émaux champlevés (treizième siècle). — M. Bretagne.

Châsse de saint Eucaire en forme de coffret, bronze émaillé (treizième siècle). — M. M. du Coëtlosquet.

Deux custodes en bronze émaillé (quatorzième siècle). — MM. de Meixmoron et Quintard.

La Vierge et l'enfant Jésus, plaque en émail (quinzième siècle) ; Agnus Dei, grisaille (quinzième siècle). — M. Bretagne.

Plat en cuivre émaillé représentant d'un côté Adam et Ève, de l'autre, Pallas (seizième siècle) ; Miroir ovale en cuivre avec émail, représentant Junon et les Furies, par Suzanne de Court (seizième siècle). — M. Bertaux.

Saint Jean, émail de couleur non signé (seizième siècle) ; L'Assomption, émail par Jean Limousin (seizième et dix-septième siècle). — M. de Meixmoron.

Le Christ et la Vierge, deux émaux de J. Limousin (seizième et dix-septième siècle). — M. Bretagne.

Jésus crucifié et les saintes femmes, non signé, (seizième siècle). — M. Herbin.

Jésus bénissant les petits enfants, non signé, (seizième siècle). — M. Liffort de Buffévent.

Coupe portant au centre Bacchus, émail par J. Raimond (seizième siècle). — M. de Meixmoron.

Sainte Agathe offrant à Dieu ses seins coupés, émail (commencement du dix-septième siècle). — M. Bretagne.

Saint Joseph et l'enfant Jésus, émail, par Jean Laudin (dix-septième siècle).—M. Liffort de Buffévent.

Saint Etienne, émail, par Jean Laudin.—M. Mangin.

Saint Pierre, émail par Nicolas Laudin. — M. de Carcy.

Saint Joseph portant l'enfant Jésus, émail, par Nicolas Laudin. — M. Mangin.

Saint Louis portant le bois de la vraie croix, émail par Jean-Baptiste Nouailher. — Mme Balbâtre.

Saint Jean de la Croix et sainte Thérèse, émaux par Jean-Baptiste Nouailher — M. le Cte du Coëtlosquet.

Horloge de table en cuivre aux armes de l'historien de Thou, avec scènes mythologiques et vers latins gravés (seizième siècle), — M. Bretagne.

Montre en cuivre doré de Frison à Paris (dix-septième siècle). — M. Bretagne.

Montre en fer avec cadran d'argent d'Antram à Londres, (dix-septième siècle). — M. Gény.

Grosse montre en argent. — M. Libermann.

Louis XIV, médaillon en ivoire sculpté daté : 1683 au revers. — M. Bretagne.

L'adoration des mages, bas-relief en ivoire, (quinzième siècle). — M. de Meixmoron.

Coffret en cuivre ciselé avec animaux fantastiques et la légende : Tout passe, (fin du treizième siècle). — M. Sognies.

3

Bénitier en cuivre (dix-septième siècle). — M. Dauvé.

Tabatière avec médaillon sculpté en nacre représentant David et Bethsabée. — M. Gény.

Mosaïque italienne, représentant les cascatelles de Tivoli ; Le Baptême du Christ, plat émaillé de Bernard de Pallissy. — M. Gallé-Reinemer.

Persée et Andromède, plat émaillé de Bernard de Palissy. — M. Beaupré.

Médailles d'Anne de Bretagne et de Louis XII. — M. de Meixmoron.

Louis XIII jeune, médaille bronze doré et découpé, attribuée à Briot ; Christine de Lorraine, fille de Charles III, médaille d'argent de Dupré ; Mazarin, et au revers : Hercule et Antée, médaille de bronze. — M. Bretagne.

---

81. Table marqueterie et cuivre doré. — M. de Martimprey.

VITRINE N° 20

Objets Gallo-romains en bronze, trouvés dans le pays. — M. Beaupré.

VITRINE N° 21.

Duc de Mayenne, peinture sur cuivre ; Cardinal de Guise, peinture sur cuivre ; Le prince Charles-Alexandre fils de Léopold, miniature par J. Girardet ; Portrait de femme, miniature par Laurent père d'Epinal ; Portrait d'homme, miniature sur cuivre. — M. Beaupré.

Bataille, plaque en cuivre ciselé et signé R. (Racle ?) Scènes de l'enfant prodigue, quatre cuivres dorés

(cette même suite a été gravée en 1540, par Jean
Sebald Beham) ; Débris de bas-reliefs, bronze,
femme portée par un homme (treizième siècle) ;
Chaîne de ceinture en argent niellé ; Bague, mé-
daillon et agrafe (objets en argent trouvés à
Rhodes, près Sarrebourg, seizième siècle); Autre
chaîne en fil de laiton tressé, (seizième siècle) ;
La Vierge et l'enfant Jésus, émail de N. Laudin ;
Sainte Marguerite, émail du seizième siècle.

Vierge et donataires, ivoire ; au bas, les armoiries du
Wurtemberg ; Boîte indienne en ivoire ; Petite
boîte ronde en bois, genre Bagard ; cadre ovale
découpé à jour en bois sculpté et doré. — M. Beaupré.

Deux volumes. — Bibliothèque de Nancy.

VITRINE Nº 22.

Travail de marqueterie hollandaise. — M Luxer.

Tous les objets renfermés dans cette vitrine sont
tirés de la collection de M. Luxer.

1ʳᵉ PLANCHE. — Quatre compotiers Japon ; Deux
cruches Chine ; Une cruche Nevers ; Trois bols
Japon ; Deux pots à crème.

2ᵉ PLANCHE. — Un plat et deux assiettes, vieux
Mayence ; Déjeuner, comprenant deux tasses,
une cafetière, une théière, Chine ; Une tasse,
Tournay ; Une tasse, Frankenthal.

3ᵉ PLANCHE. — Deux plats, Mayence ; Un plateau,
Sèvres ; Un déjeuner, Sèvres (deux tasses, sucrier, théière) ; Un bouillon, Frankenthal ; Pot
à crème, Sèvres ; Deux pots à crème, Sèvres,
porcelaine dite à la Reine ; Quatre verres émaillés décor Pompadour.

4ᵉ Planche. — Quatre assiettes, Japon ; Deux corbeilles Mayence ; Une cruche et sa cuvette, Cli-
gnancourt ; Deux verres, vieux Bohême.

VITRINE Nᵒ 23.

Petite vitrine bois noir moderne. — M. de Carcy.

Les objets de toute nature, renfermés dans cette
vitrine, appartiennent à M. de Carcy.

Au-dessus :

82. Miroir avec cadre en bois doré. — M. d'Assonvillez.

83. Enfant au bouc, terre cuite d'Adam. — M. Martin.

84. Amour tenant une grappe, bronze, d'après Clodion.

85. Lampe romaine en cuivre. — M. Dauvé.

VITRINE Nᵒ 24.

En chêne sculpté. — M. Dupont.

Les objets renfermés dans cette vitrine appartiennent
presque tous à M. Dupont ; pour les autres on a
porté l'indication de leurs possesseurs.

Au-dessus :

Deux hanaps en étain ;
Trois vases majolique italienne. — M. J. Renauld.

1ʳᵉ Planche. — Grand vase, et deux vases, Sèvres,
fond bleu, montés en bronze ; Deux flambeaux
d'argent, Louis XIII ; Deux brûle-parfums en
cuivre, Louis XVI ; Deux vases-flambeaux, marbre
et bronze doré, Louis XVI.

2ᵉ Planche. — Bacchante et satyre, terres cuites de Clodion ; Pièce en jade; Deux écrans en ivoire peint et sculpté ; Etui chinois en écaille sculptée ; Le joueur de vielle, statuaire en cuivre; Déesse chinoise, en jade ; Deux flambeaux en argent, Louis XIV ; Judith, bronze florentin.

3ᵉ Planche. — Deux soupières vieux Sèvres ; service de voyage de Louis XVI, avec leurs écrins armoriés aux armes de France ; Deux tasses, un pot à crème, vieux Sèvres pâte tendre ; Deux cruches bleues, vieux Japon. — M. de Landres.

4ᵉ Planche. — Bacchante couchée, terre cuite, par Clodion. — M. Dupont.

Tasses et deux sucriers, Sèvres 1779, pâte tendre. — M. de Landres.

VITRINE N° 25.

Sainte-Anne, cadre en bois sculpté ; Les misères de la guerre (Voir le catalogue de la peinture). — M. H. de La Salle.

Bénitier en bois sculpté, genre Bagard. — M. Melin.

Plaque de bois sculpté, ornements et fleurs ; Deux petits flambeaux, Bagard. — M. Gény.

Coffret, bois sculpté, genre Bagard ; Deux coins de Saint-Urbain ; François de Médicis, médaillon en cuivre ; Neuf monnaies des papes ; Tête en cuivre. — M. Beaupré.

Boîte de mariage ronde, genre Bagard ; Saint-Christophe, cadre en bois sculpté. — M. Gény.

Couvercle de boîte en bois, Bagard. — M. Quintard.

Coffret, genre Bagard. — M. Reiber.

Sainte Famille, bois sculpté et cadre. — M. Aertz.

Embrasures : Deux petits bas-reliefs en bronze. — M. de Haldat.

87. Bénitier en bois sculpté. — M. Bernauer.

VITRINE N° 26.

Bois noir à filets de cuivre (Directoire). — M. de Scitivaux.

Au-dessus :

Deux vases Sèvres. — Mlle Rolland de Malleloy.

Pot de pharmacie. — Mlle Rollin.

Tous les objets de cette vitrine: en Sèvres, pâte tendre, pâte dure, et porcelaine de Saxe, appartiennent à M. de Scitivaux, excepté sur la 3e planche :

Déjeûner, Sèvres. — M. Ch. Fabvier.

Une tasse à bouillon avec soucoupe, vieux Sèvres ; Une tasse à bouillon, vieux Saxe. — Mme la baronne Saladin.

Une tasse à bouillon, id., vieux Sèvres. — M. de Perceval.

4e PLANCHE. — Un porte-bouillon, vermeil Louis XIV, armorié (avec son écrin aussi armorié). — M. de Martimprey.

VITRINE N° 27.

Petite vitrine hollandaise. — M. Audiat.

Au-dessus :

88. Petite tapisserie des Gobelins. — M. Godchaux-Picard.

1re PLANCHE. — Huilier en argent avec burettes en cristal gravé. — M. Godchaux-Picard.

2e PLANCHE. — Gobelet double en argent doré, se renversant. — M. Gouguenheim.

Deux plaques en argent avec inscriptions hébraïques ; Verre à pied en argent doré ; Etui en argent, fleurs en émail ; Bonbonnière en argent niellé et émaillé. — M. Godchaux-Picard.

Escargot, argent doré.

3e Planche. — Porte-bouillon en argent, Louis XIV. — M. de Scitivaux.

Lampe hébraïque en argent. — M. Gouguenheim.

Coffret en filigrane. — Mme L. Lévylier.

4e Planche. — Deux lampes hébraïques en argent ; Aiguière et son plateau, argent repoussé ; Cornet hébraïque, argent doré et émaillé ; Gobelet forme poire, argent doré. — M. Godchaux-Picard.

Flambeau hébraïque, argent. — M. Gouguenheim.

VITRINE No 28.

Vitrine empire. — M. de Broissia.

Les objets en porcelaine de Saxe, de Sèvres et de Chine, faïences diverses et statuettes, appartiennent à Mme de Haldat et à M. de Haldat.

7e FENÊTRE.

A droite :

89. Bois sculpté aux armes de Lorraine. — M. Martin.

90. Miroir japonais en bronze. — Mlle Rollin.

91. Fauteuil canné Louis XIV. — M. Tulpain.

92. Table Louis XVI : dans le dessus en marbre est incrusté un jeu de cartes en ivoire colorié représentant un coup de piquet extraordinaire arrivé à Stanislas. — M. François.

93. La fuite en Egypte, tableau peint par la reine Marie Leczinska, et donné par elle à Mgr du Coëtlosquet, évêque de Limoges, précepteur des enfants de France. — M. le comte du Coëtlosquet.

94. Adoration des Bergers (sculpture en bois). — M. Blondin.

Panneau du fond.

95. Console avec figure d'ange en ronde bosse (bois sculpté). — M. Martin.

96. Petit buste de Socrate en marbre. — M. de Scitivaux.

97 et 98. Deux scènes de la Passion, groupes gothiques, en bois peint. — Mme Balbâtre.

99. Buste de Socrate, en bronze, d'après l'antique. — M. Legay.

100. Pendule Louis XV, écaille verte et bronze doré. — Mme Dietrich.

101. Bureau Louis XIV, de Boule, écaille rouge et cuivre — M. de Liocourt.

102. Grande crédence, vieux chêne. — M. Bonvié.

Au-dessus :

Vase, faïence italienne, d'Urbino.—M. le Cte de Ludres.

Cruche, faïence italienne, d'Urbino. — M. de Meixmoron.

Deux vases en porcelaine de Saxe et cruche en grès-cérame hollandais. — M. Dupont.

Cruche en grès-cérame hollandais. — M. Dupont.

1re Planche. — Plusieurs plats vieux Chine et vieux Japon. — Mlle Rollin.

Deux cruches en vieux grès de Flandre. — M. de Haldat.

2e Planche. — Deux petites bouteilles ; un plat, et deux boîtes à thé, vieux Japon. — Mis de Marnézia.

Un plat vieux Chine. — M. de la Salle.

Une suspension, faïence vieux Rouen. — M. Noël.

3e Planche. — Grande potiche bleue octogonale, vieux Japon. — Mme Faivre.

Plats et Jattes vieux Chine et vieux Japon. — Mlle Rollin.

Deux casseroles avec plats (vieux Chine). — Mme de Haldat.

Une soupière ronde et son plat, vieux Japon. — Mis de Marnezia.

Potiche bleue. — M. Dupont.

Deux cruches, faïence vieux Delft. — M. de Carcy.

103, 104. La vierge et saint Christophe, statuettes en bois. — Mme de Haldat.

———

105. Armure niellée d'or, du seizième siècle, portant les armoiries de Charles-Quint, et sur un des côtés de la cuirasse : Charlemagne, sur l'autre Charles-Quint : (cuirasse; hausse-col et casque). — M. Cailly.

106, 107. Deux idoles hindoues, en bois de fer doré. — M. Imhaus.

108. Table en chêne sculpté (Henri II).— M. Imhaus.

109. Buste en marbre blanc, d'après l'antique. — — Baron de Landres.

110. Bahut à colonnes torses évidées, avec fronton sculpté ; provenant de l'abbaye de Waldgasse (Lorraine). — M. Rousset.

Grande potiche, Chine, à anses et personnages. — Mis de Marnézia.

Deux potiches (vieux Chine). — M. Gény.

———

111, 112. Deux gaines en bois sculpté, renaissance. — M. Legay.

113, 114. Deux grands vases de la pharmacie de Saint-Charles, de Nancy; ces vases fabriqués à Niderviller, sont ornés de peintures aux armes du roi Stanislas, qui les a donnés à cet établissement hospitalier.

115. Crédence Henri II. — M. d'Assonvillez.

Au-dessus :

Grande potiche vieux Japon. — M. d'Assonvillez.

Deux potiches, vieux Chine. — Mme de Haldat.

Au-dessous :

Deux potiches Japon. — M. d'Assonvillez.

Soupière et son plateau, vieux Chine. — M. de Roquefeuil.

Grand plat, vieux Japon. — Mis de Marnezia.

Deux cornets, vieux Japon. — M. de Meixmoron.

---

116. Table renaissance. — Mis de Marnezia.

117. Buste en marbre blanc d'après l'antique. — M. le Bon de Landres.

118,119. Deux vases bronze japonais, niellé d'argent. — M. Brice.

---

120. Bahut renaissance. — M. Ch. Fabvier.

Grande potiche, Chine, à anses et personnages. — Mis de Marnezia.

Potiche Japon. — M. de Carcy.

Potiche Japon. — M. Noël.

121. Deux fanions en drap brodé d'or et d'argent. — M. de Liocourt.

122. Grande tapisserie des Gobelins : Le triomphe d'Alexandre, d'après Lebrun. — M. le Cte de Ludres.

Dans la galerie au-dessus :

Quatre tapisseries. — M. le Cte O'Gormann.

123, 124. Deux colonnes torses, renaissance, bois sculpté. — M. J. Gouy.

125. Glace de Venise gravée (venant du château de Deux-Ponts). — M. Roget.

126. Grand crucifix en cuivre, sur pied orné d'une Piéta en cuivre doré et de mosaïques, travail italien. — M. le curé Barbier.

127. Une plaque d'évangéliaire byzantin, émail. — M. Martin.

128. Le martyr de saint Etienne, émail sur cuivre. — M. Martin.

129. Ivoire sculpté, travail hindou.

130. Plaque de faïence italienne, Faenza. — M. de Meixmoron.

131. Quatre statuettes en terre cuite, d'Adam. — M. Martin.

132. Encoignure en vieux chêne, du dix-huitième siècle. — M. Dupont.

COTÉ OPPOSÉ AUX FENÊTRES.

133, 134. Deux fauteuils bois doré, Louis XVI, avec tapisserie de soie. — M. Bonvié.

135. Commode Louis XVI. — M. Hannequin.

136. Pendule Louis XVI, à globe tournant, vieux Sèvres, avec les deux vases complétant cette garniture. — M. de l'Espée.

137. Boîte à colliers, laque de Pékin. — M. de Carcy.

138. Service en porcelaine de Berlin dans son écrin : Ce tête-à-tête a appartenu à Charles-Auguste, dernier duc régnant de Deux-Ponts. — M. Thilloy.

139. Bahut renaissance, avec figurines en bois sculpté du dix-septième siècle. — M. de Scitivaux.

140. Six statuettes en marbre blanc, représentant des moines ; elles proviennent du tombeau de Charles-le-Téméraire, qui a été détruit en 1793, à Dijon. — M. de Broissia.

141. Glace Louis XIII. — Mme Faivre.

142, 143, 144. Deux encoignures Louis XV ; Bacchantes et satyre, biscuit de Niederviller. — M. Godchaux-Picard.

145. Bénitier en cuivre repoussé. — M. Hannequin.

146. Cor de chasse en ivoire sculpté. — M. Butte.

147. Cartel Louis XVI. — Mme Favier.

148, 149. Chenets en cuivre doré (Louis XVI). — M. de Scitivaux.

150. Commode Louis XVI. — M. Bruneau.

151. Pendule Louis XVI : modèle unique fait pour le roi à l'occasion de la publication des Edits de 1774. — M. Beaupré.

152, 153. Deux brûle-parfums, cuivre ciselé et doré, Louis XVI. — M. Millet.

154, 155. Petits vases, cuivre ciselé et doré, sur socles en marbre, Louis XVI. — Mme de Saint-Ouen.

156, 157. — Deux statuettes de Lemire, biscuit. — Mme la baronne Saladin.

158, 159. Deux tasses en jaspe. — M. Martin.

160. Le jugement de Pâris, par Lemire, biscuit de Niederviller. — M. Godchaux-Picard.

161, 162. Deux cornets, vieux Rouen, sur des consoles bois doré. — M. Bertaux.

163, 164, 165. Tête de saint Jean-Baptiste, après la décollation, ivoire de 1692 ; Maximilien d'Autriche, plaque en cuivre doré, cadre du temps ; L'annonciation, ivoire sculpté. — M. Martin.

166. Cartel Louis XVI. — M. de Scitivaux.

167. Voyer d'Argenson, médaillon cuivre à creux perdu. — M. de Meixmoron.

168. Cadre renaissance orné de pierreries. — M. Dupont.

169, 170. Deux bras cuivre doré, Louis XVI, à trois feux. — M. de Scitivaux.

171. La Vierge et l'enfant Jésus, émail de B. Nouailher, de Limoges. — M. Butte.

172. L'annonciation, émail de Laudin, de Limoges. — M. de Scitivaux.

173. Glace de Venise, bois doré Louis XIV. — M. Devilly.

174. Cartel Louis XVI, avec sphère. — Mme Faivre.

175. Oliphant, en corne et ivoire ouvragés. — M. Martin.

176. Plaque de faïence italienne. — M. de Meixmoron.

177, 178. Deux reliquaires : les peintures sont attribuées à Stanislas. — Mme Carrière.

179. Christ, de Bagard, en bois de Sainte-Lucie. — M. le curé Barbier.

180. Crédence, vieux chêne, travail lorrain. — M. Luxer.

181. Grand plat Chine avec armoiries. — M. Dauvé.

182, 183. Deux potiches Japon. — M. de Carcy.

184. Petite niche, bois sculpté, Louis XV. — M. de Perceval.

185. Groupe d'enfants, porcelaine Strasbourg. — M. Bertaux.

---

186. Petite console avec figurines en chêne sculpté, et cabinet orné de peintures attribuées à la jeunesse de Claude le Lorrain. — M. Bretagne.

187. Plat vieux Rouen. — M. Dauvé.

188. Petit cabinet ébène, incrusté d'ivoire. — M. Butte.

189. Vidercome en ivoire, monté en bronze doré. — M. Bertaux.

190. Croix reliquaire en cristal de roche. — M. Luxer.

191. Pot en ivoire sculpté. — M. Butte.

192. Cabinet en ébène sculpté, renaissance. — M. Villemin.

193. Coffret indien, avec incrustations. — M. Ch. Fabvier.

194. Reliquaire provenant de l'abbaye d'Orval. — M. Martin.

195. Buste d'Henri IV, en bronze. — Mme C. de Lasalle

196. Boîte en laque en forme de cœur, ayant appartenu à Pierre-le-Grand, et ayant servi à serrer la correspondance de l'impératrice Catherine de Russie. — M. le Cte de Warren.

197. Saint Michel terrassant les démons, émail. — M. de Meixmoron.

198. Bas-relief romain, terre cuite. — M. Martin.

199. Petite table avec cabinet incrusté d'écaille. — M. de Meixmoron.

200, 201. Deux candélabres Louis XIII en cristal de roche et cuivre doré. — Musée de la ville de Metz.

202, 203. Deux chaises cannées Henri II; — Cte de Ludres.

204. Meuble Louis XIII, ivoire, écaille et bois. — Cte de Ludres.

205, 206. Deux flambeaux en cuivre. — M. Dupont.

207. Diane chasseresse, pièce d'orfévrerie allemande (provenant de la collection Demidoff). — M. Bertaux.

208. Cabinet espagnol, écaille et cuivre (renaissance). — M. de Scitivaux.

209. Grande pendule, ornée de mosaïques de Florence (offerte au prince de Beauveau, gouverneur de Toscane pour François II). — Cte de Ludres.

210. Petite table à pieds tors. — M. Butte.

211. Cabinet ébène et ivoire. — M. de Meixmoron.

212. Bahut renaissance avec sculptures. — M. Beaupré.

213, 214. Deux flambeaux en bronze niellé. — M. Martin.

215. Une grande boîte à thé et deux flacons, vieux Japon. — M. de Carcy.

VITRINE N° 29.

Écaillé et ébène, avec incrustations d'ivoire. — M. de Broissia.

1re PLANCHE. — Les Quatre-Saisons, groupe en Haguenau. — Mme de Baudot.

L'escargot, groupe, et la leçon de musique, en vieux Saxe. — Mme la baronne Saladin.

2e PLANCHE. — L'oiseau lâché et l'oiseau repris, statuettes en Frankenthal. — M. Em. Michel.

Le petit marquis, Saxe. — M. Bernauer.

Quatre statuettes Frankenthal. — M. de Perceval.

Groupe en ivoire. — M. Martin.

Petit buste de Voltaire en ivoire. — M. Beaupré.

Henri IV, ivoire (roi d'un jeu d'échecs). — M. Michel.

3e PLANCHE. — Comédien et Comédienne, Frankenthal. — M. Bernauer.

Coffret avec dauphin aux angles. — M. de Chabon.

Princesse persane et vigneron, Fulda. — M. Bertaux.

Salière, faïence Strasbourg, avec armoiries. — M. Dauvé.

4e PLANCHE. — Joueuse de flûte, Frankenthal. — M. Michel.

Enfants musiciens, groupe biscuit. — M. Noël.

Petit patineur, biscuit (Cyfflé, portrait de son fils). M. Martin.

Le nid d'amours, groupe biscuit. — Mme de Baudot.

Petits enfants, groupe biscuit. — M. Noël.

Apollon couronné, Frankenthal. — M. de Perceval.

Au-dessus de la vitrine :

216. Grande boîte en laque rouge de Pékin. — M. Butte.

217, 218. Deux petites bouteilles Japon. — M. de Meixmoron.

219, 220. Deux petits vases en craquelé, Chine. — M. Martin.

221. Cabinet ébène avec plaques d'ivoire incrustées d'ébène. — Mme Deglin.

222. Cabinet en palissandre avec plaques d'écaille.

223. Groupe d'animaux : bronze japonais. — M. Butte.

224. Christ avec le groupe des saintes femmes et le cadre, par Bagard, bois de Sainte-Lucie.

225. Bureau Louis XIV, de Boule, cuivre et ébène. M. Galliard.

226. Cabinet Louis XIV, de Boule, cuivre et ébène. — M. Galliard.

227, 228. Chenets Louis XIV, cuivre doré. — M. Galliard.

229. Plat d'étain, gravé aux armes de Lorraine. — M. Martin.

230. Brûle-parfums, bronze de Chine, émail cloisonné avec pierres incrustées. — M. Bertaux.

231, 232. Chinois porte-flambeaux, faïence de Mennecy-Villeroy, monture en bronze doré. — M. Bertaux.

233, 234. Deux éléphants, émail cloisonné de Chine. — M. Bertaux.

235. Animal fantastique, bronze japonais et socle en bois doré. — M. de Chabon.

236, 237. Deux grands cornets, vieux Chine. — Mme de Haldat.

238, 239. Deux consoles, écaille incrustée de cuivre. — Mlle Rollin.

240, 241. Deux flambeaux Louis XVI, à trois branches. — M. Luxer.

242. L'Enfant Jésus, émail. — M. de Meixmoron.

243. Sainte Madeleine, émail de Laudin, de Limoges. — M. Bertaux.

244. Plat en vieux Japon. — M. Dupont.

245, 246. Deux appliques Louis XVI, bronze doré. — M. de Perceval.

247. Pendule religieuse Louis XIII, écaille et cuivre. — M. de Meixmoron.

248. Pendule religieuse Louis XIII, à cadran ciselé. — M. Lombard.

249. Plat, vieux Japon. — M. de Haldat.

250. Plat, vieux Japon. — M. Godchaux-Picard.

251. Glace de Venise (forme octogonale), avec peintures représentant les costumes de différents peuples du monde. — M. de Ludres.

252, 253. Deux appliques en bronze doré Louis XIV. — M. le Cte de Ludres.

254. Cabinet en écaille avec peintures sur ivoire, Renaissance italienne. — Mme Lévylier.

255, 256. Deux petits brocs, faïence italienne. — M. de Meixmoron.

257. L'Amour maternel, marbre. — Mme de Haldat.

258. Le cardinal de Rohan, tapisserie des Gobelins, d'après un portrait de Rigaud. — M. Hergott.

259. Cabinet incrusté d'écaille et de cuivre. — M. de Meixmoron.

260. Bacchanale, biscuit de Niederviller. — M. Liffort.

261, 262. Deux vases chinois, bronze ancien, trouvés dans les fouilles de Hou-Tchang-Fou. — M. Welsch.

263. Coffret japonais, émail cloisonné. — M. Bertaux.

264. Bahut renaissance en chêne sculpté.—M. Morey.

265. Cassette en bois sculpté, renaissance.— M. Bernauer.

266. Saint Roch, statuette en bois. — M. Martin.

267, 268. Sainte Cécile et saint François, statuettes en bois. — M. Bernauer.

269, 270. Deux grandes lampes en bronze du Japon, provenant de l'entrée d'un temple.— M. de Carcy.

271. Commode Louis XIV, avec marqueterie de bois et cuivres dorés. — M. Noël.

272. Grande pendule Louis XIV, écaille et cuivres dorés. — M. de Perceval.

273. Potiche, vieux Japon. — M. de Haldat.

274. Potiche, vieux Chine, fleurs en relief. — Mme de Haldat.

275. Meuble de salon Louis XVI, bois doré, étoffe soie rouge bordée de blanc : deux fauteuils, deux bergères, deux chaises, deux paravents, un écran. — Mme L. Lévylier.

276. Bahut renaissance, chêne sculpté.—M. Laprévote.

277. Potiche et deux cornets, vieux Japon laqué. — M. Laprévote.

278. Cabinet Henri II. — M. V. de Metz.

279. Saint Georges, statuette en bronze, travail allemand. — Mme Balbâtre.

280, 281. Deux petites potiches, vieux Chine. — Mme E. Butte.

282, 283. Deux enfants, bronzes de Flamant. — M. de Meixmoron.

284. Bahut gothique, vieux chêne avec ferronnerie. — M. Gény.

285. Magot de la Chine, statuette en bronze. — Mlle Rollin.

286. Cruche en grès hollandais.— M. Hemmerdinger.

287. Aiguière, en vieux grès flamand. — M. Dauvé.

288, 289. Deux bouteilles, vieux Japon, monture ancienne. — M. Butte.

290. Carquois, arc et flèches de l'Inde. — M. Butte.

291. Christ et cadre sculptés, de Bagard. — M. Remy.

292. Commode Louis XVI, avec incrustations de bois de couleur. — M. Noël.

293. Pendule Louis XVI, cuivre doré. — M. de Perceval.

294, 295. Deux corbeilles, faïence de Delft, décor japonais. — M. Hemmerdinger.

296, 297. Deux coupes, montées en bronze doré, vieux Chine. — Mis de Marnezia.

298, 299. Deux encoignures en laque de Chine, offertes à Louis XVI, parmi d'autres cadeaux de l'empereur de Chine, et données par lui à M. Cotler, attaché d'ambassade. — M. Butte.

300. Jeune fille surprise à la fontaine, Cyfflé. — M. Besval.

301. Renaud et Armide, Cyfflé, biscuit. — M. Gény.

302, 303. Deux candélabres Louis XVI, en bronze doré. — M. de Perceval.

304, 305. Deux peintures à la gouache. — M. de Meixmoron.

306. Le repos, groupe Saxe. — M. Godchaux-Picard.

307, 308, 309. La curée, groupe Saxe et les deux consoles en bois doré. — M. de Scitivaux.

310, 311. Deux appliques pour flambeaux, perroquets en faïence avec feuillage en bronze émaillé. — M. Dupont.

312. Grande glace de Venise, cadre bois doré Louis XIV. — M. de Scitivaux.

313, 314. Deux appliques à trois feux, cuivre doré, Louis XIV. — M. le Cte de Ludres.

Un plat en vieux Rouen, plats en vieux Chine et en vieux Japon, appartenant à divers propriétaires.

315, 316. Deux fauteuils Louis XIV, bois dorés et blancs avec tapisserie aux fables de La Fontaine.— M. de Scitivaux.

317. Grand bahut renaissance avec statuettes et marqueterie de bois ; travail allemand. — M. Auguin.

318. Un coffret en laque incrusté de nacre. — M. Butte.

319, 320. Deux bustes, sculpture en bois, d'Adam.— M. Martin.

321. Un fauteuil Louis XIV, bois chêne, avec tapisserie de soie aux fables de La Fontaine. — M. Herbin.

322. Boîte en laque. — M. de Carcy.

323. Petite table en bois noir avec coffret en nacre et laque. — M. de Scitivaux.

324. Groupe d'enfants, biscuit de Niederviller. — M. Hannequin.

325. Console Louis XIV, bois doré. — M. de Luxer.

326. Statuette en vieil ivoire. — M. Bertaux.

327. Pendule religieuse Louis XIII, travail anglais. — M. Dupont.

328. Ivoire : nécessaire d'écrivain, trouvé sur un soldat turc, le 7 juillet 1685, au siége de Vienne. — M. Butte.

329. SaintJean Stylite : ivoire. — M. Butte.

330. Tête de vieillard, terre cuite de Lepau. — M. Bouchotte.

331. Bouteille plate, en grès flamand, daté 1588. — M. Dauvé.

332. Bahut ébène sculpté, renaissance. — M. de Haldat.

333. Croix en laque incrustée de nacre. — M. Butte.

334. Cabinet renaissance, bois et cuivres dorés. — Mlle Rollin.

335, 336. Deux vases faïence italienne. — M. Dupont.

337. Un fauteuil bois sculpté, daté 1739 ; travail alsacien. — M. Noël.

338 et 339. Malle et boîte ronde en laque de Chine.— M. de Carcy.

340. Encoignure en laque de Chine. — M. Dupont.

341. Ornement d'église, style Louis XIV. — Petit séminaire de Pont-à-Mousson.

342. Grande armoire avec bas-côtés et panneaux sculptés. — M. Gény.

343. — Grand coffre en vieux laque, travail Japonais. — M. le Cte de Ludres.

344, 345. Deux grandes potiches, Japon. — M. de Carcy.

VITRINE N° 30.

Genre italien, (moderne). — M. Majorelle.

Au-dessus :

346. Hanap en vermeil avec son plateau. — M. de Scitivaux.

347. Guerrier chinois, statuette. — M. Brice.

348. Le joueur de vielle, terre cuite d'Adam. — Mlle Rollin.

349. Cadre de tapisserie des Gobelins. — M. Godchaux-Picard.

350. Insigne de la confrérie de saint Roch. cuivre. — M. Martin.

1re PLANCHE. — Soupière et son plat, corbeille à jour, pot à crème et soucoupe, deux tasses et leurs soucoupes faisant partie d'un service complet en vieux Saxe de Meissen, ayant appartenu à Auguste II. Electeur de Saxe, roi de Pologne (1697).— Mlle Danzas de Strasbourg.

Arlequin et Colombine, porcelaine de Nymphenbourg. — M. Bertaux.

Bacchus, statuette, porcelaine de Stratford ; La Vérité, statuette, porcelaine de Louisbourg ; Jardinier, biscuit de Sèvres ; Jardinière, biscuit de Sèvres. — M. Bertaux.

Statuette de Panpan Devau, par Cyflé (terre de Lorraine). — M. Gény.

Trépied, faïence italienne. — M. de Meixmoron.

Coffret, faïence de Nevers. — M. Heinmardinger.

Poivrier en argent — Mme de Saint-Ouen.

Sonnette en bronze datée 1597. — M. Gény.

Porte-montre en terre cuite, de Jannelle, 1741. — M. Hannequin.

Le baiser donné, terre de Lorraine, colorée en bronze. — M. Martin.

Résurrection des morts, peinture sur plaque en mosaïque de Florence, avec monture en lapis-lazuli. — M. de Meixmoron.

PREMIÈRE TABLE.

En face de l'entrée :

351. Coffre à avoine, chêne sculpté (servant de jardinière). — M. d'Assonvillez.

352. Génie de la Lorraine, terre cuite d'Adam. — M. de Meixmoron.

353, 354. Deux petites potiches, Japon. — Mme de La Salle.

355, 356. Deux bols, vieux Chine. — M. Godchaux-Picard.

357, 358. Deux grandes potiches, Japon. — M. de Meixmoron

359. Vase Louis XVI, biscuit de Sèvres. — Mme Faivre,

360. Buste de Bonaparte, premier consul, en biscuit. — M. Bernauer.

361. Plat, vieux Chine. — M. Dupont.

362. Buste de Désilles. — M. de Meixmoron.

363. Joueuse de cymbales, par Lemire (Niederviller). — M. Martin.

364. Pied en bronze, moulé sur le pied droit de la statue de Louis XIV, érigée à Lyon sur la place Bellecourt. — Marquis de Marnézia.

Sur la commode :

365. Indépendance de l'Amérique : sujet en bronze sur socle de marbre (tiré à trois exemplaires seulement, un pour Washington, l'autre pour Lafayette, le troisième pour Louis XVI). — Mme Verdier.

366, 367. Deux bustes en bronze florentin. — Mme de Haldat.

368, 369. Deux bas-reliefs en terre cuite, Clodion. — M. Beaupré.

370. L'ivrogne, terre de Lorraine. — M. Batta.

Verre gravé Louis XVI, Bohême. — M. Gallé-Reinemer.

371. Vase en ivoire, travail indien, représentant Krishna, divinité hindoue. — M. Bertaux.

372. L'adoration des bergers, Lemire, terre de Lorraine. — M. Wehrle.

373. L'oiseau perdu, groupe terre de Lorraine, Cyfflé.

374. Statuette en bois de Mgr Georges d'Aubusson de la Feuillade, évêque de Metz. — M. du Coëtlosquet.

375. Saint Pierre, émail de Nicolas Laudin, de Limoges ; assiette crénelée, vieux Rouen à la corne. — M. de Carcy.

376. Statuette, emblème du nom d'Épinal, petit bronze des Chaligny. — M. Gouy.

377. Coffret en écaille incrustée d'ivoire, aux armes de la famille de Jeanne d'Arc. — Mme de Haldat du Lys.

Sucrier faïence. — Mlle Rollin.

378. Pieta, émail. — M. Beaupré.

379. Marc-Aurèle, bronze équestre antique. — Mme Balbâtre.

Verre de Bohême (dix-septième siècle). — M. Gallé-Reinemer.

381. Moïse sauvé des eaux, bas-relief florentin, argent bruni. — M. Brackenhoffer.

382. Commode Louis XVI, avec incrustation de bois de couleur. M. de Ludres.

383. Le tireur d'épine, bronze antique provenant des Bassompierre. — M. Morey.

384. Etalon des poids de Lorraine. — M. Delcominete.

385, 386. Feux en cuivre ciselé (Louis XVI). — M. de Liocourt.

387, 388. Cavalier et satyre, bronzes florentins. — M. Beaupré.

389. Petite commode d'enfant, Louis XV. — M. Gény.

390. Mappemonde en vermeil, supportée par Atlas, exécutée en 1601 sur l'ordre du duc de Lorraine, par Antoine Vallier, orfèvre à Nancy, offerte en 1663 par Charles IV au couvent de Notre-Dame-de-Sion ; sous le pied, travail en émail représentant des oiseaux. — Bibliothèque de Nancy.

391. Vierge, de Bagard. — M. Gény.

392, 393. Deux vases, faïence de Strasbourg. — M. Delcominete.

394, 395, 396, 397. Quatre statuettes bronze : empereurs romains. — Mme Balbàtre.

398. L'adoration, émail de B. Nouailher, de Limoges. M. Liffort de Buffévent.

399. La vendange, groupe en biscuit Niederviller. — Mlle Rollin.

400. Plat rond, figures en relief, faïence Palissy. — M. Dupont.

401. Le Christ en croix, émail. — M. Beaupré.

402. Le Christ sur la croix, émail de Laudin, de Limoges. — M. Liffort de Buffévent.

403. Groupe d'enfants, porcelaine de Strasbourg. — M. Bertaux.

Verres de Bohême, dix-huitième siècle. — M. Gallé-Reinemer.

Deux petites théières Japon. — M. de Roquefeuil.

404. Bronze florentin, d'après l'antique. — M. Beaupré.

Verre de Bohême, coupe gravée, dix-septième siècle. — M. Gallé-Reinemer.

405. Encrier boule, cuivre et écaille rouge. — M. Butte.

406, 407. Cérès et Bacchus, terres cuites d'Adam. — M. Martin.

408. Bacchanale, biscuit Niederviller. — M. de Beauminy.

409. Verre en cristal gravé, ayant appartenu à Stanislas. — M. Parisot.

Assiette, faïence italienne. — M. de Meixmoron.

410. Plaque avec médaillon contenant des initiales, en tôle repoussée, par Hisette. — Musée de Metz.

411, 412. Deux chandeliers, trépieds en bronze florentin. — M. de Meixmoron.

4

Verre de Bohême, filigrané; Verre de Bohême, gravé.
— M. Gallé-Reinemer.

413. Commode Louis XIV en marqueterie de bois, avec cuivre. — Mme Faivre.

414, 415. Lama et bonze, bronzes chinois.— M. Butte.

416. Cassette en fer et cuivre, marquée de la hache du charpentier de Saardam et de la couronne de Russie : ouvrage de Pierre-le-Grand (donné par Catherine II au sculpteur Falconet). — M. le comte de Warren.

417. Saint Paul, statue en ivoire. — M. Hannequin.

Verre gravé, genre hollandais, Bohême seizième siècle. — M. Gallé-Reinemer.

418, 419. Deux groupes biscuit : un fleuve et une rivière. — M. de Meixmoron.

420. Commode Louis XIV, marqueterie et cuivre.— M. Gilbert.

421. Coffre en laque de Coromandel.— Mme de Zincourt.

422. Soupière en vieux Moustiers. — M. Dauvé.

423. Bergers en adoration, fragment d'un groupe, en terre cuite, d'Adam. — M. de Saint-Remy.

424. Le massacre des innocents, terre cuite d'Adam. — M. Bastien.

425. Cadran solaire en bronze, aux armes de Stanislas. — M. V. de Metz.

426. L'entrée dans l'arche, bronze repoussé. — M. Beaupré.

Deux petites potiches Japon. — M. Dupont.

Deux assiettes Delft. — MM. Noël et Dauvé.

427. Statuette de la Vierge, par Bagard. — M. le baron de Landres.

428, 429. Deux verres à pied, gravés, avec couvercles. — M. Brackenhoffer.

Deux cornets en craquelé. — M. Dauvé.

430. Salière, faïence d'Urbino. — M. Hannequin.

431, 432. Deux bouteilles, en émail cloisonné. — M. Legay.

Beurrier Delft. — M. Herbin.

433. Pendule pagode à cadran tournant, Louis XVI. — M. Dupont.

434, 435. Le baiser donné et le baiser rendu, terre de Lorraine, Cyfflé. — M. le comte de Warren.

436. Lanterne, faïence de Nevers. — M. Herbin.

437. Rafraîchissoir (Strasbourg). — M. Dupont.

438. L'amour silencieux, terre de Lorraine, par Lemire. — M. Huyaux.

439. Cafetière, vieux Delft. — Mlle Rollin.

———

440. Grande potiche du milieu, vieux Japon. — M. Noël.

441, 442. Deux brûle-parfums en bois de fer sculpté. — M. Brice.

443. Plat long, octogonal, vieux Moustiers. — Mlle Rollin.

444. Fontaine, en Moustiers. — Mlle Rollin.

445. Coupe à jour, porcelaine vieux Berlin. — M. Beaupré.

446. Pendule de voyage, réveille-matin, en cuivre doré, Louis XVI. — M. Arnould.

Verres de Bohême. — M. Gallé-Reinemer.

447. Bronze indien, couvercle en bois de fer sculpté. — M. de Meixmoron.

Petite théière, Saxe. — M. Noël.

448, 449. Deux vases de pharmacie. — Hôpital de Saint-Charles.

450. Grande soupière, vieux Chine. — M. le baron de Landres.

Huilier en faïence. — M. Dupont.

Plat creux octogonal, Japon. — M. Gonthier.

Petite potiche à côtes, vieux Delft, signée Adrian Pynacker ; Burette Bohême doré, enseigne d'auberge allemande, dix-huitième siècle ; Verres à champagne et autres, Bohême dix-septième siècle. — M. Gallé-Reinemer.

Cafetière Haguenau. — M. Muntz.

Deux plats, faïence de Nevers ; Tasse à bouillon, Badonvillers. — Mlle Rollin.

451. Surtout et soupière, Strasbourg. — M. Dupont.

452. Coupe en argent doré et repoussé. — Mme Lévylier.

Potiche vieux Chine. — M. de Haldat.

453. Léda, biscuit de Cyfflé, terre de Lorraine. — M. Besval.

Cruche à anse, vieux Rouen. — M. de Meixmoron.

454. Jeune fille aux amours, biscuit. — M. Bernauer.

Deux plats, vieux Delft. — M. Dauvé.

455. Fontaine, vieux Rouen. — Mlle Rollin.

456. Cage en Delft. — M. Herbin.

457. Pilon en bronze. — M. Delcominete.

458, 459. Jeune fille aux poulets, et garçon aux cabris, terre de Lorraine, Cyfflé. — M. de Saint-Remy.

Burette en verre de Bohême. — M. Gallé-Reinemer.

460. Buste de Voltaire, Cyfflé, Lunéville. — M. Martin.

461. La Vierge et saint Joseph, terre cuite à double face. — M. de Meixmoron.

Plat vieux Rouen. — M. Noël.

Potiche vieux Delft. — M. de Meixmoron.

Potiche vieux Chine. — M. de Roquefeuil.

Deux potiches vieux Japon. — M. Butte.

Soupière Louis XV, Strasbourg.— M. de Meixmoron.

Soupière, Marseille. — M. de Landres.

Sur le devant :

Au centre : Plat vieux Rouen et deux plats Japon. — M. de Meixmoron.

Plat Nevers et plat Rouen à la corne. — M. Herbin.

SECONDE TABLE.

462. Commode Louis XIV. — M. de Metz.

463. Coffret ébène et ivoire. — M. Beaupré.

464. Petit cabinet ébène et ivoire. — M. Mangin.

465. Coupe en émail cloisonné du Japon. — Mlle Rollin.

466. Cheval en bronze, des Chaligny. — M. J. Gouy.

467. Nymphe et satyre, groupe en bronze, des Chaligny. — M. Gouy.

468, 469, 470, 471, 472. Les quatre évangélistes, statuettes en terre cuite, d'Adam ; Buste de Charles III, terre cuite d'Adam. — M. Huyaux.

Grand plat, Rouen, avec armoiries. — M. Dupont.

Deux lions en faïence. — M. Godchaux-Picard.

473, 474. Deux brûle-parfums, Louis XVI — M. Godchaux-Picard.

Assiette trompe-l'œil de Niederviller, 1774. — M. Ammann.

475, 476. Jeune pâtre, biscuit de Niederviller, par Lemire, et jeune fille. — M. Maure.

477. Cruche en grès-cérame fleurdelysée ; 478. Cruche en grès, avec armoiries, datée 1620 ; 479. Cruche en grès à médaillon, 1619 ; 480. Cruche en grès à médaillon et armoiries ; 481. Petite buire, grès français à médaillon. — M. Batta.

482. Casserole en argent, Louis XV. — M. Godchaux-Picard.

483. Porte-bouillon en étain à médaillon. — M. Noël.

Sur le devant :

Table chinoise en marqueterie. — M. Martin.

Coffre lorrain en bois (Renaissance). — M. Noël.

Grand plat vieux Rouen. — M. V. de Metz.

Grand plat vieux Japon. — M. de Meixmoron.

Plat de Moustiers et plat en porcelaine de Saxe. — M. Noël.

Potiche vieux Japon, et deux boîtes à épices en faïence.

484. Soupière, vieux Saxe. — M. Godchaux-Picard.

Assiette Chine de la compagnie des Indes. — M. Noël.

Assiette faïence, Marseille. — M. Dauvé.

Deux assiettes persanes creuses. — M. Dauvé.

Plat vieux Japon. — M. de Roquefeuil.

Grand plat Haguenau. — M. Brakenhoffer.

Plat, Rouen à dentelles. — Mⁱⁱᵉ Rollin.

Petit plat Rouen. — M. Dauvé.

Plat à fleurs en relief, Rambervillers. — M. Noël.

Porte-bouillon, camaïeu, à double enveloppe. — M. Godchaux-Picard.

Cornet, faïence italienne. — M. Dauvé.

Deux vases de pharmacie carrés, au chiffre de Léopold. — M. Delcominete.

Potiche Delft. — Mlle Rollin.

Grand plat ovale, faïence allemande et deux petits vases à anses, faïence. — M. Dupont.

Deux porte-bouquets. — M. le Cte de Landreville.

Grande soupière. — M. Godchaux-Picard.

485. Grande potiche bleue. — M. d'Assonvillez.

486. Grand coffre en bois sculpté, servant de jardinière. — M. le curé Barbier.

487. Grand vase en marbre blanc, aux armes du cardinal de Rohan, provenant du château de Saverne. — M. de Landres.

Deux assiettes et une saucière, Frankenthal. — M. Em. Michel.

Deux assiettes, Delft. — M. Dauvé.

Deux assiettes trompe-l'œil, de Niederviller (1774). — M. Ammann.

Une assiette porcelaine de Chine. — M. de Roquefeuil.

Une assiette, faïence d'Aprez. — M. Costé.

Deux plats armoriés, Chine de la compagnie des Indes. — M. Dauvé.

Deux sucriers, porcelaine de Frankenthal ; Une soupière en vieux Rouen.— M. Godchaux-Picard.

Assiette, Chine de la compagnie des Indes, sujet religieux; Assiette, Chine de la compagnie des Indes, sujet en grisaille. — M. Gonthier.

Soupière, faïence de Haguenau. — M. de Luxer.

Plat Moustiers; Petit plat à anses, vieux Rouen. — M. Dauvé.

488. Buire à casque, Rouen à lambrequin. — M. Dauvé.

Salières triples, avec armoiries, Haguenau. — M. Godchaux-Picard.

Grand plat (au centre). — M. Dauvé.

Assiette, Chine, de la compagnie des Indes, aux armes de Lorraine et d'Orléans, montée en bois; Deux plats creux, Japon. — M. Gonthier.

COULOIR.

Grande vitrine. — M. de Meixmoron.

PLANCHE DU BAS. — Plats vieux Rouen à la corne. — M. le baron de Landres.

Deux vases de la pharmacie de Saint-Charles.

Vase, en Saxe. — M. Hannequin.

Assiette à fruits à couvercle, à jour, faïence blanche. — Mlle Rollin.

Assiettes, Rambervillers; Deux soupières, faïence à jour. — M. d'Assonvillez.

Soupière, faïence de Lunéville. — M. Noël.

Bouteille et buire, faïence du Bois-d'Épense. — M. Michel.

2e PLANCHE. — Assiettes, Marseille. — M. Hannequin.

Deux vases de la pharmacie de Saint-Charles.

Jardinier et joueur de flûte, faïence de Saint-Clément. — M. Bernauer.

Le cordonnier, de Cyfflé, Lunéville; Grand plat, Moustiers. — M. Noël.

Assiettes, faïence d'Aprey. — M. Costé.

Soupière, faïence de Wedgwood. — Mlle Rollin.

Deux sucriers, Rambervillers; Bouillon, faïence de Lunéville. — M. Noël.

Beurrier et sa soucoupe, de Niederviller. — M. Pène.

3ᵉ PLANCHE. — Corbeilles à jour, Haguenau. — M. de Meixmoron.

La leçon de flûte, Saint-Clément. — M. Noël.

Plat ovale. — Mˡˡᵉ Rollin.

Plats divers et assiettes (en double).

Au-dessus :

Grand plat en cuivre repoussé.

489, 490. Bas-reliefs en marbre, offerts à l'abbé de l'Espée par ses élèves. — Mᵐᵉ Verdier.

491. Paravent, tapisserie à la main, Louis XIV. — M. Michel.

SALON A DROITE.

492. Table en bois doré Louis XIV. — Mˡˡᵉ Rollin.

493. Coffret bardé de cuivre fleurdelysé. — M. de Meixmoron.

SUR LA CHEMINÉE. — 494. Buste de M. de Sivry, terre cuite de Houdon. — M. de Scitivaux.

495, 496. Les chevaux emportés, réduction en bronze des deux groupes des Champs-Elysées, par Coustou. — M. Gilbrin.

497. Table en marqueterie. — M. Ottenheimer.

498. Cabinet ébène et écaille. — M. Butte.

499. Buste de Mˡˡᵉ de Sivry (Mᵐᵉ de Vannoz), terre cuite de Houdon. — M. de Scitivaux.

500. Cabinet ébène, écaille rouge et cuivre. — M. Butte.

501. Table-bureau, marqueterie cuivre et écaille. — Mˡˡᵉ Rollin.

502. Cabinet marqueterie de bois. — M. Luxer.

503. Grande pendule Louis XV, avec cuivres. — Mme de Saint-Ouen.

504, 505. Une paire de potiches, vieux Japon. — M. de Haldat.

SALON A GAUCHE.

506. Table-bureau marqueterie. — M. de Metz.

507 Coffret bois noir bardé de cuivre fleurdelysé. — M. Tulpain.

508. La mise au tombeau, bas-relief en bois attribué à Lichier Richier. — M. Morey.

509. Vierge, ronde bosse, dans une guirlande de fleurs, bois sculpté. — M. Denis.

510. Pendule Louis XIV, écaille et bronze doré. — M. Hémerdinger.

511. Commode Louis XVI, avec cuivres ciselés. — M. de Broissia.

512. Pendule Louis XVI, cuivre doré. — M. de Scitivaux.

513. Deux consoles acajou, et cuivre ciselé Louis XVI. Musée de Metz.

514. Six pots de pharmacie, dont deux au chiffre de Léopold. — M. Delcominete.

Coffre renaissance, bois sculpté. — M. Dupont.

515. Petite table Louis XIII, bois sculpté. — M. V. de Metz.

IIe PARTIE.

—✳—

PEINTURE

ET

DESSINS.

INDICATIONS ET ABRÉVIATIONS EMPLOYÉES.

—

T. — Toile.
B. — Bois.
C. — Cuivre.
Ov. — Ovale.

La première des dimensions portée au Catalogue est toujours
celle en hauteur ; la seconde, celle en largeur.

PEINTURES ET DESSINS

FIGURANT A L'EXPOSITION RÉTROSPECTIVE.

ALLEGRI (Antonio), dit **IL CORREGGIO** (attribué à), né à Corregio (duché de Modène), en 1494, mort dans la même ville le 5 mars 1534. (École lombarde.)

1. — Tête de Saint-Jean.

> T. — h. 0,62; l. 0,55. — M. F. PÈNE.

ALLORI (Cristofano), né à Florence le 17 octobre 1577, mort en 1621. (Ecole florentine.)

2. — Le Christ enfant, tenant dans ses mains une croix; un agneau est près de lui.

> T. — h. 0,76; l. 0,65. — Mme FAVIER.

AMERIGHI ou **MORIGI** (Michel Angiolo), dit **IL CARA-VAGGIO**, peintre, graveur, né à Caravaggio, près de Milan, mort en 1609 à Porto-Ercole. (Ecole lombarde.)

3. — Caton d'Utique s'ouvrant les entrailles.

> T. — h. 1,00; l. 1,25. — M. F. PÈNE.

4. — Les Joueurs de cartes.

> T. — h. 1,00; l. 1,36. — M. de HALDAT.

5. — Saint Pierre délivré de sa prison par un ange.

> T. — h. 0,89; l. 1,16. — M. de BEAUMINY. — (Vente Stevens.)

ARTOIS (Jacques van), né à Bruxelles en 1613. (École flamande.)

7. — Paysage traversé par un cours d'eau.

> T. — h. 0,56 ; l. 0.66. — Mme de BONNE.

AVED (Jacques-André-Joseph), né à Douai le 12 janvier 1702, mort le 4 mars 1766. (École française.)

8. — Jeune fille dessinant.

> T. — h. 0,53 ; l. 0,45. — M. Ch. COURNAULT.

BALEN (Henrik-Van), né à Anvers en 1560, mort dans la même ville en 1652. (École flamande.)

9. — Le Christ apparaît à Madeleine sous la forme d'un jardinier.

> C. — h. 0.23 ; l. 0,36. — Mlle ROLLAND de MALLELOY.

BERGHEM ou BERCHEM (Nicolaas), peintre-graveur, né à Harlem en 1624, mort dans la même ville le 18 février 1683. (École hollandaise.)

10. — Vaches dans une mare. (Soleil couchant.)

> B. — h. 0,24 ; l. 0,32. — M. F. PÈNE.

11. — Vaches et animaux dans un paysage.

> T. — h. 1,02 ; l. 1,12. — M. le curé BARBIER.

BERRETTINI (Pietro), da CORTONA, dit **PIETRE de CORTONE**, peintre, architecte, écrivain, né à Cortona (Toscane), le 1er novembre 1596, mort à Rome le 16 mai 1669. (École romaine.)

12. — Sacrifice d'Iphigénie.

> T. — h. 0,74 ; l. 0,57. — Mme de HALDAT.

BERTIN (Jean-Victor), né en 1775 à Paris, mort dans la même ville en 1842. (École française.)

13. — Paysage avec animaux.

> T. — h. 0,37 ; l. 0,45. — M. BUTTE.

BOUCHER (François), peintre, graveur, né à Paris en 1704, mort dans la même ville, le 30 mai 1770. (École française).

14. — Portrait de Mme de Sablé.

> T. — h. 0,83 ; l. 0,63. — M. le Cte de WARREN.

15. — Les amours en vendange.

> T. — h. 0,45 ; l. 0,75. — M. Em. BOUCHOTTE.

16. — Les Quatre-Saisons.

> T. — h. 0,40 ; l. 0,48. — M. BEAUPRÉ.

17. — Tobie et l'Ange.

> T. — h. 0,41 ; l. 0,32. — M. Ch. COURNAULT.

18. — Paysage.

> T. h. 0,42 ; l. 0,52. — M. de MEIXMORON de DOMBASLE.

19. — Tête de femme.

> B. — h. 0,18 ; l. 0,14. — M. D.

20. — Amours en vendange. (Grand salon.)

> T. ov. — h. 1,00 ; l. 0,78. — M. BONVIÉ.

21. — L'amour endormi. (Grand salon.)

> T. ov. — M. de SCITIVAUX de GREISCHE.

22. — L'amour lisant. (Grand salon.)

> T. ov. — M. de SCITIVAUX de GREISCHE.

23. — Le Chapeau de paille. (Grand salon.)

T. ov. — M. de SCITIVAUX de GREISCHE.

24. — Amours portant des fleurs.

T. — h. 0,75; l. 0,70. — M. Victor de METZ.

BOURDON (Sébastien), peintre, graveur, né à Montpellier en 1616, mort à Paris le 8 mai 1671. (École française.)

25. — Caravane en marche.

T. — h. 0,62; l. 0.82. — M. de MEIXMORON de DOMBASLE.

BRAUWER ou BROUWER (Adrian), peintre, graveur, né à Anvers en 1608, mort à Anvers en 1640. (École hollandaise.)

26. — Un homme tenant un pot de bière.

27. — Tête d'homme.

B. — h. 0,22; l. 0,17. — M. OTTENHEIMER.

BRAY (Jacob de), né à Haarlem en 1625, mort en 1680. (École hollandaise.)

28. — L'homme à la canne.

T. h. 1,05; l. 0,80. — M. H. de LA SALLE.

BREUGHEL (Johann), dit de VELOURS, né à Bruxelles vers 1568, mort en 1625. (École flamande.)

29. — Prédication de Saint Jean.

B. — h. 0,74; l. 1,04. — M. de BEAUMINY.

30. — Apollon jouant de la lyre.

B. — h. 0,58; l. 0,83. — Mᵐᵉ de HALDAT.

31. — Femme au bain, entourée de fleurs et d'animaux.

C. — h. 0,23 ; l. 0,36. — M. LIFFORT de BUFFÉVENT.

32. — Adam et Ève entourés d'animaux dans le paradis terrestre.

C. — h. 0,42; l. 0,70. — M. LANTY.

33. — Corbeille de fleurs.

B. — h. 0,56; l. 0,81. — M. LEDERLIN.

34. — Paysage.

C. — h. 0,27; l. 0,35. — M. LEDERLIN.

BREUGHEL (Peter), dit le Vieux, né à Breughel, près de Bréda, en 1510 suivant les uns, en 1530 suivant d'autres, mort à Bruxelles vers 1600. (École flamande.)

35. — Le Paiement de l'impôt.

36. — Kermesse en hiver.

B. — h. 0,89 ; l. 1,28. — M. H. de LA SALLE.

BRIL (Paul), peintre, graveur, né à Anvers en 1554, mort à Rome en 1626. (École flamande.)

37. — La Chasse aux canards.

T. — h. 0,68; l. 1,00. — M. COTELLE.

38. — Entrée d'un bois.

T. — h. 0,60; l. 0,48. — M. LIFFORT de BUFFÉVENT.

39. — Chasseurs auprès d'un château.

B. — h. 0,49; l. 0,87. — M. de SCITIVAUX de GREISCHE.

CALIARI (Paolo), dit **Paolo VÉRONÈSE**, né à Vérone en 1528, mort le 19 avril 1588. (École vénitienne.)

40. — La Présentation au temple.

T. — h. 0,62 ; l. 0·68. — M. Anatole SIMON.

41. — Saint Sébastien se présentant devant l'Empereur.

T. — 0,58 ; l. 1,06. — M. WERLY-LAGUERRE. (Bar-le-Duc.)

CALLOT (Jacques), né en 1593, à Nancy, mort en 1635. (École française.)

42. — Planche en cuivre de la grande Thèse.

Bibliothèque de Nancy.

CAMPHUYSEN (Gerrit), né à Gorcum en 1624, mort en 1674. (École hollandaise.)

43. — Halte de chasse.

T. — h. 1,12 ; l. 1,53. — Appartenant à M. H. de LA SALLE.

CANAL (Antonio da), dit **CANALETTI**, peintre, graveur, né à Venise le 18 octobre 1697, mort dans la même ville le 20 août 1768. (École vénitienne.)

44. — Vue du Capitole, à Rome.

T. — h. 0,34 ; l. 0,55. — M. ÉLIE-BAILLE.

CANO (Alonzo), peintre et sculpteur, né à Grenade, le 19 mars 1601, mort dans la même ville le 5 octobre 1667. (École espagnole).

45. — Sainte Famille. — L'enfant Jésus façonne une croix de bois ; la vierge est occupée à un ouvrage d'aiguille ; saint Joseph, tenant un rabot, contemple l'enfant Jésus.

T. — h. 1,00 ; l. 1,18. — M. COSTE.

CEULEN ou KEULEN (Cornélis-Janson van), a travaillé
en Angleterre de 1618 à 1648. (École hollandaise.)

46. — Portrait de femme.

> T. — h. 1.05; l. 0,80. — M. H. de LA SALLE.

CHAMPAIGNE (Philippe de), né à Bruxelles en 1602, mort
à Paris le 12 août 1674 et enterré à Saint-Gervais.
(École flamande.)

47. — Portrait du chancelier Séguier.

> T. — h. 0,87; l. 0,67. — M. BARDEY.

CHARDIN (Jean-Baptiste), né à Paris le 2 novembre 1699,
mort dans la même ville le 6 décembre 1779. (École
française.)

48. — Pêches et bocal.

49. — Sole frite, pain, vin et gobelet.

> Signés.
> T. — h. 0,65; l. 0,55. — M. FRANÇOIS.

50. — Chien et chat, cahiers et instruments de
musique.

> T. — h. 1,00; l. 1,12. — M. le Cte de WIDRANGES. (Bar-le-Duc.)

CHARLES (Claude), né à Nancy en 1661, mort en 1747;
peintre ordinaire de Léopold. (École française.)

51. — Consécration à la Vierge de la Primatiale
de Nancy (esquisse).

> T. — h. 0,74; l. 0,48. — M. J. RENAULD.

CLAUDOT (Jean-Bapiste-Charles), né à Badonvillers
(Vosges) en 1753, mort à Nancy en 1814. (École française.)

52. — La ruine.

53. — Le Gué.

T. — h. 0,58; l. 0,75. — M. de LA SALLE, (Malzéville.)

54. — Paysage avec ruines.

T. h. 0,80; l. 0,66. — Mlle ROLLAND de MALLELOY.

CLOUET (François), dit JEHANNET, né à Tours vers 1500, mort vers 1572. (École française.)

55. — Portrait d'homme.
56. — Portrait   id.
57. — Portrait   id.
58. — Portrait   id.

B. — h. 0,16; l. 0,13. — appartiennent à M. F. BLANC.

59. — Portrait de François II, enfant.

B. — h. 0,27; l. 0,21. — M. MANGIN.

60. — Portrait d'Henri II.

B. — h. 0,17; l. 0,12. — M. BEAUPRÉ.

COURTOIS (Jacques), dit le BOURGUIGNON, peintre, graveur, né à Saint-Hippolyte (Franche-Comté) en 1621, mort à Rome le 14 novembre 1676. (École française.)

61. — Une bataille.
62. — Un Assaut.

T. — h. 0,68; l. 0,95. — M. ISEMBART, à Besançon.

63. — Choc de cavalerie.

T. — h. 0,36; l. 0,46. — M. BARBEY.

COYPEL (Antoine), peintre, graveur, né à Paris le 11 avril 1661, mort dans la même ville le 7 janvier 1722. (École française.)

64. — L'ours et l'amateur de jardins.

T. — h. 0,53; l. 0,80. — Cte de WIDRANGES, (Bar-le-Duc,) (Galerie du duc de Penthièvre.)

COYPEL (Noël), peintre, graveur, né à Paris le 25 décembre 1628, mort dans la même ville le 24 décembre 1707. (École française.)

65. — Triomphe d'Amphitrite.

T. — h. 1,10; 1. 1,32. — M. ÉLIE-BAILLE.

66. — Clémence de Pyrrhus.

T. — h. 0,80 ; l. 0,99. — M. de HALDAT.

DERUET (Claude), né à Nancy en 1611, mort en 1660. (École française.)

67. — Jeanne d'Arc et Dunois à cheval. (Grand salon.)

T. — h. 0,54 ; l. 0,62. — M. de HALDAT.

68. — Portrait de Jeanne d'Arc tenant une épée à la main. (Grand salon.)

La signature de Deruet est placée sur l'épée. — Tableau donné par le duc Henri II à la famille Le Picard du Lys, puis transmis par héritage à M. de Haldat du Lys, descendant d'un frère de la Pucelle.

T. — h. 0,68 ; l. 0,54. — M. de HALDAT.

DESPORTES (François), né le 24 février 1661 à Champigneul (Champagne), mort à Paris le 15 avril 1745. (École française.)

69. — Portrait de Desportes en chasseur, à gauche son chien, à droite du gibier mort. (Signé et daté 1707.)

Répétition en petit, avec quelques modifications, du tableau du Louvre.

T. — h. 0,92 ; l. 0,70. — Mme LAMBERT-LEVYLIER.

DIETRICH (Christian-Wilhelm-Ernst), peintre, graveur, né à Weimar le 30 octobre 1712, mort à Dresde en 1744. (École allemande.)

70. — Tête de vieille femme.

T. — h. 0,49 ; l. 0,41. — M. BUTTE.

DOLCI (Carlo), né à Florence en 1616, mort en 1686. (École florentine.)

71. — Tête de Christ.

72. — Tête de Vierge.

C. — h. 0,38 ; l. 0,29. — Mᵐᵉ de HALDAT.

DROUAIS (François-Hubert), né à Paris le 14 décembre 1727, mort dans la même ville le 21 octobre 1775. (École française.)

73. — Portrait de jeune homme poudré, en habit de cour.

T. — h. 0,48 ; l. 0,38. — M. BUTTE.

DUCQ ou DUC (Jan le), peintre, graveur, né à la Haye en 1656, mort dans la même ville vers 1693. (École hollandaise.)

74. — Intérieur d'un corps de garde.

B. — h. 0,32 ; L. 0,44. — M. LIFFORT de BUFFÉVENT.

75. — Le concert hollandais.

B. — h. 0,36 ; l. 0.50. — Mᵐᵉ de HALDAT.

DUPLESSIS (Joseph-Sifrède), né à Carpentras en 1725, mort à Versailles en 1802. (École française.)

76. — Portrait de Mgr Du Coëtlosquet, évêque de Limoges, précepteur des enfants de France.

Signé : J.-B. DUPLESSIS, 1777.

T. — h. 0,35 ; l. 0,62. — Cᵗᵉ Léon du COËTLOSQUET, à Metz.

77. — Portrait du poëte Ducis. (Grand salon.)

78. — Portrait de sa sœur.   (Id.)

> T. ov. — h. 0,76; l. 0,78. — Mme VERDIER.

DURER (Albert), attribué à, né à Nuremberg en 1470, mort en 1528. (École allemande.)

79. — Portrait présumé de Paracelse.

> B. — h. 0,70; l. 0,54. — M. MARTIN.

EECKHOUT (Gerbrandt van den), peintre, graveur, né à Amsterdam le 19 août 1621, mort le 22 juillet 1674. (École hollandaise.)

80. — Abraham, Agar et Ismaël.

> B. — h. 0,70; l. 0,57. — M. BUTTE.

EHRENBERG (Guillaume von), né en 1650, à Anvers, mort en 1675 ou 1677. (École flamande.)

81. — Intérieur de l'ancienne Église des Jésuites, à Anvers.

> Signé et daté 1667.
> T. — h. 1,16; l. 1,46. — M. de LESCALE, à Bar-le-Duc.

FIERAVIUS (Francesco), dit le **MALTAIS**, né à Malte, mort en 1640. (École romaine.)

82. — Nature morte.

> T. — h. 0,95; l. 1,35. — Mme la B^{ne} SALADIN.

FRAGONARD (Jean-Henri), peintre, graveur, né à Grasse en 1752, mort à Paris le 22 août 1806. (École française.)

83. — Enée et Didon.

84. — Didon sur le bûcher.

> T. — h. 0,90 : l. 1,15. — M. GOUY.

85. — Paysage (dessin à la sanguine).

M. CAILLY.

86. — Le baiser (dessin à la sépia).

M. BARBEY.

FRANCK (Franz), dit le VIEUX, né à Herenthals (en Campine) ou à Anvers vers 1544, mort dans cette dernière ville le 6 octobre 1616. (École flamande.)

87. — Le jugement de Salomon.

C. — h. 0,36; l. 0,44. — M. BUTTE.

88. — Le passage de la Mer Rouge.

B. — h. 0,41; l. 0,56. — M. MILLET.

89. — Esther devant Assuérus.

C. — b. 0,45; l. 0,36. — M. BUTTE.

FRANCK (Sébastiaan), né vers 1573. (École flamande.)

90. — Adoration de l'enfant Jésus par saint Joseph, la Vierge et les anges. (Gr. salon.)

91. — Jésus présenté au temple. (Grand salon).

B. r. — 0,12. — M. Victor de METZ.

FREDON. (École française du dix-huitième siècle.)

92. — Louis-Auguste, duc de Berry.

93. — Stanislas-Xavier, comte de Provence.

Signés FREDON 1776.

T. — h. 0,64; 0.50. — M. le C" Léon du COETLOSQUET.

94. — Le duc de Bourgogne (pastel). (Grand salon.)

h. 0,42; l. 0,30. — M. le C" Léon du COETLOSQUET.

GAAL (Barent), né à Haarlem vers 1660. (École hollandaise.)

95. — Départ pour la chasse.

B. — h. 0,26 ; l. 0,55. — M. H. de LA SALLE.

GELLÉE ou **GILLÉE (Claude)**, dit le **LORRAIN**, peintre, graveur, né en 1600 au château de Chamagne, mort à Rome le 21 novembre 1682. (École française.)

96. — Paysage.

T. — h. 0,64 ; l. 0,80. — M. de BEAUMINY.

GÉRARD (François, baron), né à Rome le 4 mai 1770, mort à Paris le 11 janvier 1837. (École française.)

97. — Portrait du poëte Ducis (plusieurs fois gravé).

T. — h. 0.56 ; l. 0,65. — M. H. de LA SALLE.

GÉRICAULT (Jean-Louis-André-Théodore), né à Rouen le 26 septembre 1791, mort à Paris le 18 janvier 1824. (École française.)

98. — Étude de chien d'arrêt.

T. — h. 0,24 ; l. 0,31. — M. MARTIN.

GIRARDET (Jean), peintre, né à Nancy le 28 septembre 1709, mort à Nancy en 1778. (École française.)

99. — Esquisse du plafond du salon carré de l'hôtel de ville de Nancy.

T. — h. 0,54 ; l. 0,48. — M. de MEIXMORON de DOMBASLE.

GOYEN (Jan van), peintre, graveur, né à Leyde en 1596, mort à La Haye en 1656. (École hollandaise.)

100. — Paysage.

B. — h. 0,25 ; l. 0,31. — M. BEAUPRÉ.

5

GREUZE (Jean-Baptiste), né à Tournus, près de Mâcon, le 21 août 1725, mort au Louvre le 21 mars 1805. (École française.)

101. La rêveuse.

> T. — h. 0,42; l. 0,32. — M. COLLESSON.

102. Portrait présumé de Danton.

> T. — h. 0,70; l. 0,60. — M. TULPAIN.

Attribué à : **GREUZE.**

103. — Le jeune géomètre.

> T. — h. 0,57; l. 0,37. — M. de CARCY.

104. — Tête de jeune fille.

> T. — h. 0,44; l. 0,34. — M. de CARCY.

GRIMOU (Alexis), né à Romont (Suisse), vers 1680, mort à Paris vers 1740. (École française.)

105. — Portrait de l'acteur Paul Poisson dans le rôle de Crispin.

> Signé GRIMOU, 1732.
>
> T. — h. 1,32; l. 1,00. — M. H. de LA SALLE.

GROS (Antoine-Jean, baron), né à Paris le 16 mars 1771, mort le 26 juin 1835. (École française).

106. — Portrait du duc de Berry, en habit de cour.

> T. — h. 0,98; l. 0,79. — M. le curé BARBIER.

HALS (Frans), né à Malines en 1584, mort à Harlem le 20 août 1666. (École flamande.)

107. — Portrait d'un officier général hollandais (1620).

B. — h. 0,64; l. 0,56. — M⁻ᵉ COLLIGNON, née de GIRONDE, à Ancy-sur-Moselle.

HEEM (Jan-Davidz de), né à Utrecht en 1600, ou 1604 suivant d'autres, mort à Anvers en 1674. (École hollandaise.)

108. — Jambon, cerises, verres, sur une table.

T. — h. 0,66; l. 0,55. — M. ÉLIE-BAILLE.

109. — Cerises, citron, papillon.

B. — h. 0,24; l. 0,29. — M. MARTIN.

HEEMSKERK (Egbert van), le vieux, né en 1610 à Harlem, mort en 1680. (École hollandaise.)

110. — Les ivrognes. (Signé.)

T. — h. 0,22; l. 0,30. — M. BEAUPRÉ.

HOËT (Gérard), né à Bommel en 1648, mort à La Haye en 1753. (École hollandaise.)

111. — Bain des nymphes.

T. — h. 0,23; l. 0,34. — M. de HALDAT.

Attribué à **(HOLBEIN Hans)**, le jeune, peintre, sculpteur, graveur, architecte, né à Augsbourg en 1498, mort à Londres en 1554. (École allemande.)

112. — Saint Jérôme en méditation.

B. — h. 0,46; l. 0,75. — M. GOUY.

HONDEKOETER (Melchior), né à Utrecht en 1636, mort dans la même ville le 5 avril 1695. (École hollandaise.)

113. — Coq, faisan, poules et sarcelle.

T. — h. 0,82 ; l. 1,15. — Mᵐᵉ la Bⁿᵉ SALADIN.

114. — Un serin hollandais.

B. — h. 0,22 ; l. 0,18. — M. MARTIN.

HOOCH ou **HOOGHE (Pieter de)**, florissait à Amsterdam, vers 1650. (École hollandaise).

115. — Intérieur hollandais.

B. — h. 0,60 ; l. 0,47. — M. DE LA SALLE. Collection du comte de Vaudreuil, de lord Malgrave, de Mecklembourg et Péreire. — N° 16 du catalogue Smith. Gravé dans la *Gazette des Beaux-Arts.*

Signé P. D. H. 1658.

HUET (Jean-Baptiste), le vieux, né à Paris en 1755, mort en 1811. (École française.)

116. — Batteuse de beurre.

Signé : J. B. HUET, 1759.

B. — h. 0,10 ; l. 0,16. — M. BERNAUER.

JACQUART, artiste lorrain, vivait sous Stanislas. (École française.)

117. — Déposition de la croix.

B. — h. 0,36 ; l. 0,28. — M. le Dʳ BLONDLOT.

JANSSENS (Victor-Honoré), né à Bruxelles en 1664, mort dans la même ville en 1759. (École flamande.)

118. — La main chaude.

T. — h. 0,80 ; l. 1,10. — M. NOEL.

JEAURAT (Etienne), né à Paris le 8 février 1699, mort à Versailles le 14 décembre 1789. (École française.)

119. — Diogène cassant son écuelle.

120. — Scène tirée d'une tragédie.

Signés : STEPHANUS JEAURAT pinxit 1747.

T. — h. 0,52 ; l. 0,62. — M. GOUY.

KOEK-KOEK (Bernard-Corneille), né à Middelbourg en 1803, mort à Clèves en 1862. (École hollandaise.)

121. — Le chêne.

T. — h. 0,37 ; l. 0,46. — M. BUTTE.

LAAR (Pieter van), surnommé **BAMBOCHE**, peintre, graveur, né à Laaren (Hollande) vers 1613, mort à Harlem vers 1674. (École hollandaise.)

122. — Animaux et pâtre.

T. — h. et l. 0,34 ; — M. de MEIXMORON de DOMBASLE.

LALLEMANT (Philippe), né en 1629 à Reims, mort en 1716. (École Française.)

123. — Combat de cavalerie.

124. — Sous la tente.

Signés : LALLEMANT et LALMAN.

T. — h. 0,65 ; l. 0,81. — Mme la Bse SALADIN.

LAMBRECHT. (On manque de renseignements précis sur ce peintre.)

125. — Le café.

126. — Là danse.

T. — h. 0,34 ; l. 0,29. — M. DE HALDAT.

127. — Marchande de légumes.

128. — Marchande de fruits.

B. — h. 0,20; l. 0,27. — M. FRANÇOIS.

129. — Danse de villageois.

T. — h. 0,40; l. 0,56. — M. FLEICH.

130. — Le cordonnier.

131. — Le tailleur.

T. — h. 0,40; l. 0,32. — M. FLEICH.

LANFRANCHI (il cavaliere Giovanni di Stefano), né à Parme vers 1580, mort le 29 novembre 1647. (Ecole lombarde.)

132. — Tête de vieillard.

T. — h. 0,70; l. 0,55. — M. le curé Barbier.

LANTARA (Jérôme-Martin), né à Oncy (Seine-et-Oise) le 24 mars 1729, mort à Paris, à l'hôpital de la Charité, le 22 décembre 1778. (École française.)

133. — Entrée d'un port, au lever de la lune.

B. — h. 0,26: l. 0,38. — M. BUTTE.

LARGILLIÈRE (Nicolas), né à Paris le 20 octobre 1656, mort le 20 mars 1746. (École française.)

134. — Portrait de Noël B. de Morlet, conseiller du Roi, directeur des serres et jardins de Louis XIV.

135. — Portrait de Mᵐᵉ B. de Morlet (peints en 1705).

T. — h. 1,12; l. 0,96. — M. le colonel de MORLET.

136. — Louise-Françoise, duchesse de Bourbon ; elle cueille une fleur de jasmin, un petit nègre lui présente des raisins.

T. — h. 1,35 ; l. 0,96. — M. COLLESSON.

137. — Portrait du poëte Titon du Tillet.

T. — h. 1,36 ; l. 1,06. — M. de MEINNORON de DOMBASLE.

138. — Portrait de femme poudrée, vêtue de rouge.

T. — h. 0,80 ; l. 0,64. — M. GÉNY.

139. — Portrait d'homme, tenant un livre.

T. — h. 0,88 ; l. 0.73. — M. MARTIN.

140. — Portrait de femme, vêtue de rouge et de blanc.

T. — h. 0,79 ; l. 0,63, — Mᵐᵉ la baronne SALADIN.

141. — Portrait d'homme, tenant une lettre.

T. — h. 0,86 ; l. 0,60. — M. CHEVALLIER.

142. — Portrait d'homme à rabat en dentelle blanche.

T. ov. — h. 0,74 ; l. 0,68. — M. TULPAIN.

143. — Portrait d'un magistrat.

T. — h. 1,00 ; l. 0,75. — M. de BEAUMINY.

144. — Portrait du chevalier Jérôme Duberon. (Grand salon.)

T. ov. — Mᵐᵉ COURANT.

145. — Portrait de Madeleine Durasseau, sa femme. (Grand salon.)

T. ov. — Mᵐᵉ COURANT.

LECLERC (Jacques-Sébastien), dit des Gobelins, né à Paris en 1734, mort aux Gobelins en 1785. (École française.)

146. — Pastorale.

B. — h. 0,38; l. 0,30. — M. H. de la SALLE.

LEGRAND (François), vivait au dix-septième siècle en Lorraine. (École française.)

147. — La réprimande.

T. — h. 0,95; l. 0,78. — M. DAUBRÉE.

LÉPICIÉ (Nicolas-Bernard), né à Paris en 1755, mort dans la même ville en 1784. (École française.)

148. — Tête de jeune garçon coiffé d'un tricorne.

T. — h. 0,45; l. 0,39. M. TULPAIN.

LEPRINCE (Jean-Baptiste), né à Metz en 1755, mort en 1781. (École française.)

149. — Les chasseurs.

150. — La rencontre.

B. — h. 0,22; l. 0,18. — M. de HALDAT.

151. — La ruine.

B. — h. 0,15; l. 0,17. — M. de HALDAT.

LINGELBACH (Johannes), peintre, graveur, né en 1625, à Francfort-sur-le-Mein, mort à Amsterdam, en 1687. (École hollandaise.)

152. — Départ pour la chasse.

153. — Bords d'une rivière.

T. — h. 0,65; l. 0,80. — Mᵐᵉ de HALDAT.

LONGHI (Pierre), né en 1702, à Venise. (École vénitienne.)

154. — Le dormeur.

> B. — h. 0,17; l. 0,26. — M. Martin.

LOO (Ch. Amédée-Philippe van), né en 1715 ou 1718 à
Turin. (École française.)

155. — Triomphe de la Justice.

> Signé : Am. van Loo, 1774.

> T. — h. 2,20; l. 1,75. — M. DAUBRÉE.

LOO (Charles-André, dit **CARLE van**), peintre, graveur,
né à Nice le 15 février 1705, mort le 15 juillet 1765.
(École française.)

156. — Un ange vêtu de vert jouant de la harpe.

157. — Une femme vêtue de jaune jouant du
violon. (Dessus de porte signés : Carle
VANLOO.)

> T. — h. 0,85; l. 1,42. — M. FRANÇOIS.

MAAS (Nicolas), né en 1632 à Dordrecht, mort en 1693 à
Amsterdam. (École hollandaise.)

158. — Portrait de femme.

> (Le portrait d'homme, pendant de celui-ci,
> appartient au Musée de Nancy.)

> T. — h. 0,55; l. 0,47. — M. HANNEQUIN.

MAES (Jean van), vivait vers 1640. (École hollandaise.)

159. — La veuve et les enfants de J. Netscher.

> T. — h. 1,29; l. 1,11. — M. H. de la SALLE.

MARATTA ou **MARATTI** (Carlo), peintre, graveur, né à
Camerano (Marche d'Ancône) en 1625, mort à Rome le
15 décembre 1715. (École romaine.)

160. — La Sainte-Famille.

T. — h. 0,96 ; l. 0,80. — M⁰ᵉ de HALDAT.

MERCK (J. van), mort vers 1660. (École hollandaise.)

161. — Portrait de Cinq-Mars.

Signé et daté 1642.

B. — h. 0,69 ; l. 0,55. — M. BARBEY.

MEULEN (Anton Franz van der), né à Bruxelles en 1634,
mort à Paris le 15 octobre 1690. (École flamande.)

162. — Louis XIV devant Tournai.

T. — h. 0,52 ; l. 0,66. — M. LORRAIN, à Metz.

MICHAU (Théobald), né à Tournai en 1676, mort à Anvers
en 1755. (École flamande).

163. — Paysage.

T. — h. 0,39 ; l. 0,55. — M. BUTTE.

MIGNARD (Pierre), né à Troyes dans le mois de novembre
1610, mort à Paris le 15 mai 1695. (École française.)

164. — Portrait de femme, tenant une fleur à
la main.

T. — h. 0,39 ; l. 0,32. — M. BUTTE.

165. — Portrait du chevalier Henri-Ignace Dubéron. (Grand salon.)

T. ov. — Mᵐᵉ COURANT.

166. — Portrait de Marie-Jeanne de Charpentier, sa femme. (Grand salon.)

T. ov. — Me COURANT.

MOINE ou **MOYNE** (François le), né à Paris en 1688, mort dans la même ville le 4 juin 1737. (École française.)

167. — L'amour conduisant les Heures qui précèdent le char du soleil. (Esquisse d'un plafond.)

T. — h. 0,48 ; l. 0.66. — M. le Cte de WIDRANGES, Bar-le-Duc.

168. — La surprise.

T. — h. 0,75 ; l. 0,61. — M. COTELLE.

169. — Priam massacré au pied des autels. (Esquisse.)

T. — h. 0,74; l. 1,18. — M. F. PÈNE.

MOLENAER (Nicolae), vers 1640 à Amsterdam (École hollandaise.)

170. — Kermesse villageoise.

B. — h. 0,59; l. 0,72. — M. H. de la SALLE.

MOLYN (Pierre), le vieux, vivait en 1626 à Harlem. (École hollandaise.)

171. — Chemin à l'entrée d'un bois.

T. — h. 0,96; l. 1,45. — M. le curé BARBIER.

MONNOYER (Jean-Baptiste), peintre, graveur, né à Lille en 1634, mort à Londres le 16 février 1699.

172. — Guirlande de fleurs.

T. — h. 0,62; l. 0,88. — Mme de HALDAT.

173. — Aiguière et tapis, lys et roses, fruits. (Grand salon, à droite en entrant.)

M. MUNICH, à Malzéville.

174. — Portrait de femme tenant une guirlande de fleurs. (Grand salon à gauche en entrant.

(En collaboration avec van LOO.)

C⁺⁺ de LANDREVILLE.

MOUCHERON (Frédérik), né à Embden en 1632 ou 1633, mort à Amsterdam en 1686. (École hollandaise.)

175. — Paysage.

T. — h. 0,41 ; l. 0,50. — M. BUTTE.

NAIN (un des frères Le). On manque de renseignements précis sur les trois peintres laonnais qui portaient ce nom. (École française.)

176. — Portrait d'homme, tenant un bougeoir à la main.

T. — h. 0,82 ; l. 0,64. — M. DEVILLY.

NATTIER (Jean-Marc), né à Paris le 17 mars 1685, mort dans la même ville le 7 novembre 1766. (École française.)

177. — Portrait de femme, dite la belle Dindonnière de Lenoncour.

T. — h. 0,78 ; l. 0,62. — Mᵐᵉ la baronne SALADIN.

178. — Tête de jeune fille.

T. ov. — h. 0,57 ; l. 0,46. — M. de SCITIVAUX de GREISCHE.

NECK (Jan van), né vers 1656 à Naarden, mort en 1714.
 (École hollandaise.)

179. — Portrait d'homme.

Signé et daté 1685.

 T. — h. 1,00 ; l. 0,80 — M. de MEIXMORON de DOMBASLE.

NEEFS le vieux (Péter ou Piéter), né à Anvers vers 1570,
 mort en 1651. (École flamande.)

180. — Intérieur d'église.

 C. — h. 0,30 ; l. 0,40. — M. de HALDAT.

NEER (Aart ou Arnould van der), né à Amsterdam en
 1613 ou 1619, mort vers 1684. (École hollandaise.)

181. — Un canal en hollande. (Clair de lune.)

 T. — h. 0,25 ; l. 0,34. — M. BEAUPRÉ.

182. — Clair de lune.

 T. — h. 0,55 ; l. 0,78. — M. TULPAIN.

NETSCHER (Gaspar), né à Heidelberg, en 1639, mort à
 La Haye, le 15 janvier 1684. (École hollandaise.)

183. — Portrait d'un Dauphin de la maison de
 France.

 T. — h. 0,95 ; l. 0,76. — M. FRANÇOIS.

OOST (Jakob van), le jeune, né en 1637, à Bruges, mort
 dans cette ville le 29 décembre 1713. (École flamande.)

184. — Portrait de Philippe Dubéron, seigneur
 de Croissy, etc.

 Van Oost, 1669.

 T. ov. — Mᵐᵉ COURANT.

185. — Portrait de Marie-Françoise de Grenu, sa femme. (Grand salon.)

T. ov. — Mme COURANT.

OSTADE (Adriaan van), (attribué à), peintre, graveur, né à Lubeck en 1610, mort à Amsterdam en 1685. (École hollandaise.)

186. — Buveurs dans une tabagie.

B. — h. 0,22; l. 0,26. — M. de HALDAT.

OUDRY (Jean-Baptiste), peintre, graveur, né à Paris, le 17 mars 1686, mort à Beauvais le 3 avril 1755. (École française).

187. — Levrette. (Signé.)

T. — h. 0,80; l. 1,02. — Mme la baronne SALADIN.

188. — Gibier mort et chien d'arrêt. (Signé.)

T. — h. 1,40; l. 1,00. — M. Ch. COURNAULT.

189. — Levrette blanche.

T. — h. 0,52; l. 0,63. — M. le comte de WARREN.

PALMA (Jacopo, dit le vieux), né vers 1480, à Serinalta (Bergamasque), mort vers 1548. (École vénitienne.)

190. — Portrait de la comtesse de Ratisbonne et de son fils.

T. — h. 1,10; l. 0,85. — M. JAQUINÉ.

PANINI (Giovanni-Paolo), (attribué à), né à Plaisance en 1695, mort à Rome le 21 octobre 1768. (École romaine.)

191. — Port de mer.

T. — h. 0,60; l. 0,92. — M. ÉLIE-BAILLE.

PATEL (le fils), (attribué à). (École française du dix-septième siècle.)

192. — Paysage avec pêcheurs.

B. — h. 1,10; l. 1,45. — M. JAQUINÉ.

PATER (Jean-Baptiste-Joseph), né à Valenciennes en 1696, mort à Paris le 25 juillet 1736. (École française.)

193. — Pastorale.

B. — h. 0,12; l. 0,20. — Mme BUTTE.

PETERS (Bonaventure), né à Anvers en 1614, mort à Loboken en 1652. (École flamande.)

194. — Marine (gros temps).

B. — h. 0,36; l. 0,53. — Mme de HALDAT.

POELENBURG (Kornélis), né à Utrecht en 1586, y vivait encore en 1665. (École hollandaise.)

195. — Bain des nymphes.

B. — h. 0,32; l. 0,41. — M. H. de la SALLE.

PONTE (Jacopo da) dit il Bassano, ou Jacques Bassan, né à Bassano en 1510, mort dans cette ville le 15 février 1592. (École vénitienne.)

197. — L'étoile apparaît aux bergers.

Cuiv. — h. 0,20; l. 0,25. — Comte de CRABON.

PORBUS ou POURBUS le jeune (Franz), né à Anvers en 1570, mort à Paris en 1622. (École flamande.)

198. — Portrait d'homme.

B. — h. 0,42; l. 0,35. — M. DEVILLY.

PRUD'HON (Pierre), né à Cluny (Saône-et-Loire), le 4 avril 1758, mort à Paris le 16 février 1823.

199. — Portrait de M. le Mis de Marnésia à l'âge de huit ans, peint en 1817.

T. — h. 0,48; l. 0,38. — M. le marquis de MARNÉSIA.

REGEMORTER (Pierre van), né en 1755, à Anvers, mort en 1830. (École flamande.)

200. — Village hollandais.

B. — h. 0,42; l. 0,60. — M. F. PÈNE.

REMBRANDT (van Ryn), (attribué à), peintre, graveur, né près de Leyde en 1608, mort à Amsterdam le 8 octobre 1669. (École hollandaise.)

201. — Jésus au milieu des docteurs. (Esquisse.)

T. — h. 0,40; l. 0,32. — M. MARTIN.

202. — Paysage.

B. — h. 0,18; l. 0,19. — M. de MEIXMORON de DOMBASLE.

RÉNI (Guido), peintre, graveur, né à Calvenzano, près Bologne, le 4 novembre 1575, mort le 18 août 1642. (École bolonaise.)

203. — Le baptême du Christ.

C. — h. 0,35; l. 0,25. — Mme de HALDAT.

RIBERA (le chevalier Josef ou Jusepe de), dit l'Espagnolet, peintre et graveur, né le 12 janvier 1588, à San Felipe, près de Valence, mort à Naples en 1656. (École espagnole.)

204. — Le baptême du Christ.

Signé : Juseppe RIBERA.

Galerie de Albarran, de Salamanca.

T. — h. 2,22; l. 1,57. — M. H. de la SALLE.

205. — Une homme vêtu de haillons se regarde dans une glace.

T. — h. 1,00; l. 0,78. — M. OTTENHEIMER.

206. — Tête d'homme.

T. — h. 0,50; l. 0,37. — M. AUGUIN.

RIGAUD (Hyacinthe), né à Perpignan, le 20 juillet 1659, mort à Paris le 27 décembre 1743. (École française.)

207. — Portrait d'homme.

T — h. 0,90.; l. 0,72. — M. le baron de LANDRES.

208. — Portrait de Louis XIV.

T. — h. 0,90; l. 0,72. — M. de HALDAT.

209. — Portrait d'homme de la famille de Taunay.

T. ov. — h. 0,80; l. 0,64. — Mᵐᵉ de BONNEVAL.

210. — Portrait de deux princesses de la maison de France.

Pastel ayant appartenu au cardinal Fleury.

h. 0,52; l. 0,70 — M. MILLET.

211. — Portrait de Philippe V, roi d'Espagne. (Grand salon.)

T. ov. — M. de HALDAT.

212. — Portrait d'homme. (Grand salon.)

T. ov. — M. Antoine de METZ.

ROKES (Hendrik-Martenz), surnommé **ZORG**, né à Rotterdam en 1621, mort en 1682. (École hollandaise.)

213. — Intérieur hollandais.

B. — h. 0,23; l. 0,28. — M. LEDERLIN.

ROOS (Philippe-Péter), dit Rosa di Tivoli, peintre, graveur, né à Francfort-sur-le-Mein en 1655, mort à Rome en 1705. (École allemande.)

214. — Animaux au bord de la mer.

T. — h. 1,00 ; l. 1,35. — M. Coste.

ROSA (Salvator), peintre, graveur, poëte, né à la Renella, près de Naples, le 20 juin 1615, mort à Rome le 15 mars 1673. (École napolitaine.)

215. — Le jeu du biribi.

E. — h. 0,57 ; l. 0,40. — M. de Meixmoron de Dombasle.

RUBENS (Pierre-Paul), né à Siegen le 29 juin 1577, mort à Anvers le 30 mai 1640. (École flamande.)

216. — La vierge, l'enfant Jésus et sainte Anne.

B. — h. 0,70 ; l. 0,52. — M. Barbey.

217. — Portrait d'homme.

T. — h. 0,31 ; l. 0,26. — M. Ch. Cournault.

218. — Saints et martyrs en adoration devant la vierge et l'enfant Jésus. (Esquisse.)

T. — h. 0,82 ; l. 0,56. — M. Noel.

Attribué à RUBENS.

219. — Tête de femme.

T. — h. 0,40 ; l. 0,32. — M. Lederlin.

RUISDAEL ou **RUYSDAEL** (Jakob), peintre, graveur, né à Harlem vers 1650, mort dans la même ville le 16 novembre 1681. (École hollandaise.)

220. — Une forêt au bord d'un cours d'eau, animaux et personnages, par Ad. van VELDE.

T. — h. 0,30 ; l. 0,40. — M. FRANÇOIS.

221. — Entrée de forêt.

B. — h. 0,64 ; l. 0,85. — M. H. de la SALLE.

222. — Mare près d'un moulin.

T. — h. 0,52 ; l. 0,67. — M. ÉLIE-BAILLE.

SÉEKATZ (Conrad), né à Grünstadt (Bavière-Rhénane), vivait au dix-huitième siècle. (École allemande.)

223. — Armée en marche.

224. — Le camp.

B. — h. 0,18 ; l. 0,24. — M. Em. MICHEL.

SPAENDONCK (Gérard van), né le 23 mars 1746 à Tilbourg, mort à Paris le 11 mai 1822. (École hollandaise.)

225. — Roses.

T. — h. 0,30 ; l. 0,25. — M. BUTTE.

STEEN (Jean van), né à Leyde en 1656, mort à Delft en 1689. (École hollandaise.)

226. — Rixe au cabaret.

Signé : J. STEEN.

B. — h. 0,18 ; l. 0,22. — M. BEAUPRÉ.

STELLA (Jacques), né à Lyon en 1596, mort au Louvre le 29 avril 1657. (École française.)

227. — Moïse sauvé des eaux.

B. — h. 0,36 ; l. 0,49. — Mme BUTTE.

STEVENS (Antoine-Palamédes), vivait en 1646. (École hollandaise.)

228. — Intérieur hollandais.

B. — h. 0,36 ; l. 0,50. — Mme de HALDAT.

SUEUR (Eustache Le), baptisé à l'église Saint-Eustache à Paris, le 19 novembre 1617, mort le 30 avril 1655.

229. — Etude pour une figure de femme (gouache).

h. 0,38 ; l. 0,26. — M. le comte de WARREN.

TÉNIERS le jeune (David), né à Anvers en 1610, mort à Perk, près de Malines, en 1694. (École flamande.)

230. — Joueurs de boule (esquisse).

B. — h. 0,14 ; l. 0,21. — M. BEAUPRÉ.

231. — Pêcheurs au bord d'une rivière (esquisse).

B. — h. 0,14 ; l. 0,21. — M. BEAUPRÉ.

232. — Livres et parchemins.

T. — h. 0,60 ; l. 0,48. — M. FRANÇOIS.

233. — Tentation de saint Antoine.

B. — h. 0,22 ; l. 0,17. — M. BEAUPRÉ.

234. — Intérieur de cuisine.

T. — h. 0,64 ; l. 0,84. — M. H. de la SALLE.

235. — Intérieur d'un cabaret.

236. — Le ménétrier de village.

    B. — h. 0,64 ; l. 0,78. — Appartiennent à M⁰ᵉ de HALDAT.

THOMAS (Jean), le jeune, né en 1617 à Ypres, mort en 1675, à Vienne. (École flamande.)

238. — Atelier d'un sculpteur lorrain.

    T. — h. 0,49 ; l. 0,58. — M. BUTTE.

TIEPOLO (Jean-Baptiste), né en 1692 à Venise, mort à Madrid en 1770. (École lombarde.)

239. — Le Jardin des Oliviers.

240. — Le Calvaire.

    T. — h. 0,78 ; l. 0,86. — M. le curé BARBIER.

TRISTAN (Louis), né en 1586 près de Tolède, mort en 1640. (École espagnole.)

241. — Saint François en prière.

    T. — h. 1,63 ; l. 1,08. — M. le curé BARBIER.

UYTENBROECK (Moïse van), florissait en 1650. (École hollandaise.)

237. — Danse de nymphes et de satyres.

    B. — h. 0,32 ; l. 0.68. — M. de HALDAT.

VALLAYER-COSTER (Anne), École française du dix-huitième siècle.

242. — Fleurs dans un vase. (Signé.)

    T. — h. 0,63 ; l. 0,54. — M. de LUXER.

243. — La vendange. (Grisaille.)

    T. — h. 0,34 ; l. 0,25. — M⁰ᵉ de CAUMONT.

VALLIN, florissait en 1815. (École française.)

244. — Bacchantes et jeunes Satyres dans une grotte.

Signé : VALLIN, 1818.

T. — h. 0,48; l. 0,62. — M. COLLESSON.

VELDE le jeune (Willem van den), né en 1633 à Amsterdam, mort à Greewich, le 6 avril 1707. (École hollandaise.)

245. — Marine. Temps calme.

B. — h. 0,16; l. 0,24 Appartient à M. BUTTE.

VERNET (Claude-Joseph), peintre, graveur, né à Avignon le 14 août 1714, mort le 3 décembre 1789, aux galeries du Louvre. (École française.)

246. — Navire à la côte (effet d'orage). (Signé.)

T. — h. 0,54; l. 0,76. — M. COLLESSON.

247. — Une marine (effet du matin). (Signé.)

B. — h. 0.28; l. 0,48. — M. BUTTE.

VINCENT (François-André), né à Paris le 30 décembre 1746, mort dans la même ville, le 3 août 1816. (École française.)

248. — Danaé.

T. — 0,50; l. 0,62. — M. BESVAL.

VLIEGHER (Simon de), peintre, graveur, vivait à Amsterdam en 1640. (École hollandaise.)

249. — Marine (temps gris.)

B. — h. 0,34; l. 0,45. — M. H. de la SALLE.

VOS (Martin de), né à Anvers vers 1521, mort à Anvers en 1603 ou en 1604. (École flamande.)

250. — Un seigneur et sa dame.

> B. — h. 0,18; l. 0,25. — M. MARTIN.

WATTEAU (attribué à) (**Antoine**), peintre, graveur, né à Valenciennes en 1684, mort à Nogent, près de Vincennes, le 18 juillet 1721. (École française.)

251. — Personnages de la Compagnie italienne.

> T. — h. 0,19; l. 0,32. — M⁻ᵉ la baronne SALADIN.

252. — Portrait d'homme.

> B. — h. 0,14; l. 0,10. — M. le président FABVIER.

WATTEAU (Louis-Joseph), né à Valenciennes en 1731, mort à Lille en 1803. (École Française.)

253. — Le déjeuner interrompu.

254. — Attaque dans un bois.

> C. — h. 0,36; l. 0,44. — M. de HALDAT.

WERTMYLLER, peintre suédois, vivait au dix-huitième siècle.

255. — Portrait de jeune fille avec un costume garni de fourrure.

> T. ov. — h. 0,64; l. 0,51. — M. de CARCY.

WOUVERMAN (Philips), peintre, graveur, né à Harlem en 1620, mort le 19 mai 1668. (École hollandaise.)

256. — Départ pour la chasse.

> B. — h. 0,42; l. 0,60. — Mᵐᵉ de HALDAT.

ZACHT-LEVEN (Kornélis), peintre, graveur, né à Rotterdam vers 1606, vivait encore en 1661. (École hollandaise.)

257. — Couple hollandais.

B. — h. 0,22; l. 0,18. — M. Em. MICHEL.

ZEEGERS ou SEGHERS (Gérard), né à Anvers en 1589, mort dans la même ville en 1651. (École flamande.)

258. — Fleurs.

T. — h. 0,43; l. 0,26. — M. BUTTE.

INCONNUS.

ÉCOLE FRANÇAISE.

259. — Les disciples d'Emmaüs.

T. — h. 102; l. 136. — Mᵐᵉ ROLLAND de MALLELOY.

260. — Portrait d'homme (seizième siècle).

B. — h. 0,32; l. 0,27. — M. BRETAGNE.

261. — Portrait de femme (dix-huitième siècle).

T. — h. 0,75; l. 0,60. — M. GÉNY.

262. — Deux jeunes princes de la maison de Lorraine.

T. — h. 0,84; l. 1,00. — M. le comte de Ludres.

263. — Portrait de M. du Pasquier.

B. — b. 0,37; l. 0,27. — M. de SCITIVAUX de GREISCHE.

264. — L'architecture, panneau décoratif.

265. — La sculpture, id.

T. — h. 1,30; l. 0,75. — M. VAULTRIN.

266. — La fuite en Egypte.

Aquarelle. — h. 0,23; l. 0,30. — Mⁿᵉ ROLLAND de MALLELOY.

267. — Portrait de Louvois.

Aquarelle. — h. 0,18; l. 0,14. M. le colonel de MORLET.

268. — Un joueur de flûte.

T. — h. 0,55; l. 0,41. — M. de la SALLE (Malzéville).

269. — Charles le Téméraire duc de Bourgogne. (Ancienne école française.)

270. — Jean-Sans-Peur, id.

B. — h. 0,23; l. 0,18. — M. de CHABON.

271. — Nature morte.

T. — h. 1,10; l. 1,28. — M. de la SALLE (Malzéville).

272. — Portrait du duc de Joyeuse en capucin.

T. — h. 0,49; l. 0,41. — M. Victor de METZ.

273. — Tête de jeune homme.

T. — h. 0,32; l. 0,25. — M. DAUBRÉE.

274. — La dernière communion.

T. — h. 1,44; l. 1,95. — M. de ROQUEFEUIL.

De la galerie du cardinal Fesch.

275. — Portrait du chevalier de Maison-Rouge.
(Grand salon).

B. — h. 0,16; l. 0,12. — M. Victor de METZ.

276. — Les joueurs de cartes.

T. — h. 1,26; 1, 0,95. — M. GAST.

277. — Tête de vieillard.

T. — h. 0,55; l. 0,42. — M. le curé BARBIER.

278. — Fleurs.

T. — h. 0,80; l. 0,62. — M. NOEL.

279. — Prince de la maison de Lorraine.

280. — Princesse de la maison de Lorraine.

T. — h. 0.75; l. 0,60. — Mme de BONNEVAL.

281. — Portrait de la duchesse de Conti et de sa fille.

T. — h. 0,78; l. 0,64. — Cte Léon du COETLOSQUET.

282. — Saint François en prière.

T. — h. 0,55; l. 0,45. — Cte de LANDREVILLE.

283. — Tentation de Saint Antoine. (Gouache d'après Callot.)

h. 0,45; l. 0,33. — M. AERTS.

284. — Armoiries du cardinal de Lorraine. (Gouache.)

h. 0,40; l. 0,32. — M. AERTS.

285. — Vierge avec l'enfant Jésus.

T. — h. 0,25; l. 0,22. — M. MOREY.

286. — Enée et Didon (esquisse).

T. rond. — 0,32. — M. de MEIXMORON de DOMBASLE.

287. — Trois cadres: Gueux et Bossus, d'après Callot.

B. — h. 0,25; l. 0,28. — M. le baron de LANDRES.

288. — Seize miniatures anciennes, d'après les planches de Callot : (Grand salon.)

    3. — La bataille.
    4. — La maraude.
    5. — Le pillage.
    6. — Dévastation d'un monastère.
    8. — Vol sur les grandes routes.
    9. — Découverte des malfaiteurs.
    11. — La pendaison.
    12. — L'arquebusade.
    14. — La roue.
    15. — L'hôpital.
    16. — Les mendiants et les mourants.
    17. — La revanche des paysans.
    18. — Distribution des récompenses.

    Appartiennent à M. H. de la SALLE.

289. — Portrait présumé de Mme de Graffigny.

    T. ov. — 0,70 ; l. 0,55. — M. Fourrier de BACOURT.

290. — Sainte Thérèse percée des flèches de l'amour divin. (Cadre renaissance, ébène, incrusté de cuivre et de pierres. (Grand salon.)

    T. ov. — h. 0,36 ; l. 0,27. — M. le Cte Léon du COETLOSQUET.

291. — Portrait présumé de Jeanne d'Arc, en armure. (Grand salon.)

               (Collection Péreire.)

    B. — h. 0,46 ; l. 0,34. — M. de BRAUX.

ÉCOLE HOLLANDAISE.

292. — Marine et jetée sur le bord de la mer.

T. — h. 0,18 ; l. 0,30. — M. Em. MICHEL.

293. — Portrait d'homme coiffé d'un chapeau noir.

Collection de Roguier.

B. — h. 0,27 ; l. 0,20. — M. MOREY.

294. — Portrait d'homme.

T. — h. 0,50 ; l. 0,44. — M. GÉNY.

295. — Portrait d'homme. (École de Rembrandt.)

B. — h. 0,24 ; l. 0,16. — M. de BEAUMINY.

296. — Bords d'une rivière. (École de Van-Goyen.)

B. — h. 0,49 ; l. 0,80. — M. H. de la SALLE.

297. — Repos en Égypte. (École des Franck.)

Cuiv. — h. 0,25 ; l. 0,19. — M. de SCITIVAUX de GREISCHE.

298. — La Vierge tenant l'enfant Jésus apparaît à Sainte-Fébronie.

C. — h. 0,25 ; l. 0,17. — Mᵐᵉ CARRIÈRE.

299. — La pouilleuse.

B. — h. 0,24 ; l. 0,31. — M. de HALDAT.

ECOLE ITALIENNE.

300. — Saint Romuald guérissant un enfant.

    T. — h. 1,42; l. 1,75. — M. le curé BARBIER.

301. — Un dormeur.

    T. — h. 0,50; l. 0,76. — M. Ch. COURNAULT.

302. — La vierge de Loreto. (Ancienne copie d'après Raphaël.)

    T. — h. 1,10; l. 0,85. — Mᵐᵉ de HALDAT.

303. — Le Sauveur du monde.

    T. — h. 0,60; l. 0,48. — Mᵐᵉ la baronne SALADIN.

304. — Un pigeonnier.

    T. — h. 1,10; l. 1,65. — M. H. de la SALLE.

DESSINS.

305. — Portrait de Charles de Lorraine (1631).

    M. BEAUPRÉ.

306. — Portrait de Montluc (1609).

    M. MOREY.

307. — Les premiers pensionnaires de l'Académie de France à Rome. (Dessin à la sanguine.)

    M. Em. MICHEL.

308. — Portrait à la mine de plomb de Mme Falconet.

309. — Portrait à la mine de plomb de Mme de Jankowitz.

310. — Portrait à la mine de plomb de Mme de Jankowitz, enfant.

Appartiennent à M. le comte de WARREN.

GRAND SALON.

PORTRAITS ET TABLEAUX OVALES.

Ligne du bas (à droite en entrant).

1. — Portrait d'homme, par Rigaud.
M. Ant. de METZ.

2. — Anne de Pouillay.
M. le Cⁱᵉ de LANDREVILLE.

3. — Portait d'homme décoré du Cordon bleu.
ÉVÊCHÉ DE NANCY.

4. — Philippe Duberon, seigneur de Croissy. (Van Oost, 1669.)
Mᵐᵉ COURANT.

5. — Marie-Jeanne de Charpentier (Mignard).
Mᵐᵉ COURANT.

6. — Henri Ignace chevalier Duberon. (Mignard).
Mᵐᵉ COURANT.

(A gauche en entrant.)

1. — M. de la Galaisière.
Mⁱˡᵉ de BONNE.

2. — L'amour lisant. (Boucher.)
M. de SCITIVAUX de GREISCHE.

3. — Le chapeau de paille. (Boucher.)
M. de SCITIVAUX de GREISCHE.

4. — L'amour endormi. (Boucher.)
M. de SCITIVAUX de GREISCHE.

5. — Jérôme chevalier Duberon.
Mᵐᵉ COURANT,

6. — Madeleine Durasseau, son épouse. (Largillière.)
Mᵐᵉ COURANT.

GRAND SALON.

PORTRAITS OVALES.

Ligne du haut (à droite en entrant).

1. — Portrait de Mme de Brie d'Artois.
M. de SCITIVAUX de GREISCHE.

2. — Philippe V, par Rigaud.
M. de HALDAT.

3. — Mme de Légier, née d'Artois.
M. de SCITIVAUX de GREISCHE.

4. — Mme de Sivry, née d'Artois.
M. de SCITIVAUX de GREISCHE.

5. — Le marquis d'Imécourt.
M. le Cte de LANDREVILLE.

6. — Le comte de Landreville.
M. le Cte de LANDREVILLE.

(A gauche en entrant.)

1. — Mgr François de Fontange, évêque de Nancy.
ÉVÊCHÉ DE NANCY.

2. — Portrait d'homme avec armure.
M. de SCITIVAUX de GREISCHE.

3. — M. de Bussenne.
Mlle de BONNE.

4. — Portrait de Louise Beauveau.
M. le Cte de LANDREVILLE.

5. — Portrait d'homme avec armure.
M. le Cte de LANDREVILLE.

6. — Marie Fr. de Grenu, par van Oost.
Mme COURANT.

SUPPLÉMENT.

GRAND SALON.

516. Commode Louis XVI, en marqueterie. —
M. Fabvier.

517. Pendule marbre et bronze doré, Louis XVI. —
M. Barbey.

VITRINE Nº 31.

Divers éventails anciens, appartenant à MM. Barbey,
Beaupré, de Braux, Butte, Chapuis, Costé et
Galliard.

Éventail et dentelle point d'Angleterre, Louis XIV.
— Mme Courant.

Plusieurs boîtes ou tabatières en or ciselé ou émaillé,
appartenant à MM. Beaupré, Godchaux-Picard,
Mennessier et H. de la Salle.

VITRINE Nº 5.

4ᵉ PLANCHE. — Un déjeuner vieux Saxe, et cafetière
en argent ciselé. — M. Pillement.

VITRINE Nº 7.

Trois médaillons en argent repoussé. — Dr Simonin.

Marie-Antoinette, médaillon biscuit de Sèvres. —
Mlle de Chérisey.

Broche normande en or. — M. Mennessier.

Bague antique avec clef. — M. Henriet.

Anneau cabalistique du quinzième siècle, en or. — M. Martin.

VITRINE N° 10.

4ᵉ PLANCHE. — Chinoise et ses enfants ; groupe vieux Saxe. — M. Bécus.

VITRINE N° 11.

Le maréchal Duroc, par Isabey, et la mère du maréchal, miniatures. — M. Grandeau.

Couteau et fourchette à manches d'ivoire sculpté.— M. A. Muntz.

La Vierge et l'enfant Jésus (ivoire sculpté). — M. Mangin.

Bourse de jetons brodée aux armes de la ville de Nancy. — M. Bretagne.

VITRINE N° 15.

Manuscrit du quinzième siècle. — M. Chapuis.

VITRINE N° 26.

3ᵉ PLANCHE. — Moule à fromage, porcelaine de Sèvres, provenant de Trianon. — M. Hemmerdinger.

VITRINE N° 32.

Missel de Saint-Dié, manuscrit avec miniatures.

VITRINE N° 33.

Médaillier de Saint-Urbain, médailles et monnaies des papes. — M. Beaupré.

VITRINE N° 34.

Éventails et dentelles, boîtes en laque et étuis. — M. de Carcy.

---

518. Pendule en bronze doré, Louis XVI. — M. Hou-rier.

519, 520, 521, 522. Quatre statuettes ivoire sculpté. — M. Mennessier.

522 *bis*. Grand Christ en ivoire sculpté. — Mlle de Chérisey.

PREMIÈRE TABLE.

523. Pendule avec éléphant, bronze doré, Louis XVI. M. Beaupré.

SECONDE TABLE.

524. Pendule en bronze doré, Louis XVI. — M. de Fériet.

---

525. Deux salières Haguenau. — M. Godchaux-Picard.

526. Sucrier vieux Japon, monture en cuivre. — Mlle de Chérisey.

527. Deux assiettes Tournai. — M. Bruneau.

528. Vierge en argent repoussé, Louis XVI. — Mlle de Chérisey.

529. Table en acajou, filets de cuivre, mobilier de Trianon. — M. Collenot.

530. Beurrier Delft et soucoupe Japon. — M. Herbin.

531. Sucrier et soucoupe, Saxe. — M. Godchaux-Picard.

532. Coffret ivoire sculpté. — M. de Meixmoron.

533. Deux soupières Niederviller. — M. Forjonnel.

534. Saint Bruno et saint François, en terre de Lorraine, par Le Mire. — M. Charlot

535. Louis XV; buste en bronze. — M. Noël.

536. Sucrier, faïence de Strasbourg. — M. Batta.

537. Bouillon et soucoupe, Saxe. — M. Godchaux-Picard.

538. Petite cruche, Japon bleu. — M. de Carcy.

539. Théière vieux Mayence. — M. Forjonnel.

540. Soupière et soucoupe, faïence. — Mlle Rollin.

541. Mercure et Psyché, bronze florentin. — M. Beaupré.

541 bis. Vénus et l'Amour, statuette marbre, par Lorta. — M. Simonin.

542. Deux coupes, faïence. — M. Godchaux-Picard.

543. Sucrier en porcelaine de Niederviller. — M. Pène.

544. Soupière, vieux Rouen. — M. Godchaux-Picard.

545. Deux petites soupières, faïence décor bleu. — M. Costé.

546. Plat à épices, couvercle à jour, faïence de Wegdwood. — Mlle Rollin.

547. Brûle-parfums, bronze doré, Louis XVI. — Mlle Rollis.

548. Saucière, faïence de Strasbourg. — M. Em. Michel.

549. Assiette, vieux Rouen à la corne. — Bon de Landres.

550. Soupière, faïence de Strasbourg. — M. Barbey.

551. Deux plats, Haguenau. — M. Muntz.

552, 553. Pendule marbre et cuivre doré, forme de lyre ; Pendule de voyage, à réveille-matin, bronze doré, Louis XVI. — M. Collenot.

554, 555. Quatre vases de la pharmacie St-Charles.

556. Deux vases Japon. — Mme Welche.

556 Les bulles de savon, terre de Lorraine, de Cyfflé. — M. Fabvier.

558. Tasse et sucrier, Saxe. — M. Godchaux-Picard.

559. Sucrier, faïence de Tournai. — M. Bruneau.

560. Canette, terre noire avec aigle à deux têtes, 1567. — M. H. de la Salle.

561. Assiette, ravier et plat à pans coupés, vieux Rouen. — M. Dauvé.

562, 563. Vénus liant les ailes de l'Amour, Vénus et l'Amour, biscuit de Niederviller ; 564. La bergère et les colombes, terre de Lorraine; 565. Grand vase en vieux Bohême gravé ; 566. Deux tasses Sèvres, fond jaune ; 567. Petit sucrier, vieux Saxe, à la croix ; 568. Sucrier argent ciselé, Louis XVI ; 569. Petite pendule pagode Louis XVI, bronze doré. — M. Collenot.

570. Cartel en bronze doré, Louis XVI. — M. Ch. Moisson.

PEINTURE.

DROUAIS. (École française.) (Voir page 94.)

311. — Le marquis de Pange.

312. — Le chevalier de Pange.

> Peints par Drouais en 1769.
>
> T. ov. — h. 0,70; l. 0,56. — M^{on} de PANGE.

GREUZE. (École française.) (Voir page 98.)

313. — Mme la M^{ise} de Pange.

> Peint par Greuze en 1770.
>
> T. ov. — h. 0,70; l. 0,56. — M^{on} de PANGE.

LATOUR (Maurice-Quentin de), 1704-1788 (École française).

314. — Tête de jeune fille (pastel). Grand salon.

> M. de SCITIVAUX.

École française (dix-huitième siècle).

315. — Portrait de Louis XVI (donné à M. de Sivay en 1790).

> M. de SCITIVAUX.

316. — Portrait au crayon noir de Mme Febvrel, par Augustin de Saint-Dié.

TABLE DES MATIÈRES.

www.ingramcontent.com/pod-product-compliance
Lightning Source LLC
Chambersburg PA
CBHW071815090426
42737CB00012B/2095